CÓMO SUPERAR UNA RUPTURA AMOROSA Y SEGUIR ADELANTE SIN MIRAR ATRÁS

Pasos Importantes que debes Tomar para Sobrevivir una Separación Dolorosa y Seguir con tu Vida

KEMP JOHNSTON

Índice

Introducción

Tu relación acaba de terminar, posiblemente estás muy afectado/a por lo sucedido y tienes muchas preguntas, ¿por qué pasó?, ¿por qué duele tanto? ¿qué sucederá ahora? Y es entendible. Las rupturas amorosas son también un proceso de duelo del que es importante aprender a sobrellevar para poder sanar de una manera completa.

Este libro fue hecho con la intención de ayudarte a recorrer este camino a través de la ruptura como una guía que te permita lidiar con los desafíos que se te presentarán. En él, encontrarás investigaciones científicas que respaldan algunos hechos y métodos, tips para aprender a procesar tus emociones, consejos muy útiles para lograr cambiar tu manera de pensar, entre otras cosas.

Comenzaremos por reconocer el trauma que este rompimiento puede causar en ti, maneras de manejar tus emociones y también entenderemos el concepto de sesgos mentales y por qué pueden suceder. En el camino, también recorreremos la opción de volver a intentar una relación con tu ex pareja y el poder que puede llegar a ti una vez que entiendas tus emociones.

Después de esto, podremos comenzar con todos los procesos externos e internos que te ayudarán a reencontrarte, a identificar tus puntos de apoyo, a hacer cambios en tu vida que generen un impacto positivo en ti, y, en general, que formarán para ti un buen plan de trabajo que no solo te permita superar esa relación que se acabó, sino llegar a ser la mejor versión de ti mismo/a.

Si lo que necesitas ahorita es una señal para dejar tu dolor atrás y empezar de nuevo con una actitud positiva hacia la vida y una mejor visión sobre ti y tu entorno, no sólo acabas de encontrar la señal, descubriste también la herramienta para que eso suceda.

El trauma

Sin importar lo que los demás puedan decir, los rompimientos son un asunto importante. Mientras tal vez no veas a la palabra "trauma" como un buen adjetivo para describir una ruptura, en la mayoría de los casos, el fin de una relación importante puede ser traumático. Lo que sientes es una pérdida significativa y debes pasar por la fase de duelo.

Existen algunas analogías que te ayudan a pensar en la seriedad del daño que sientes y la necesidad crítica de tratarte con extrema generosidad, compasión y tierno cuidado amoroso. La primera se relaciona a una herida física y la segunda se relaciona con la muerte.

Lesión física – corazón roto

. . .

Hacerle frente al hecho de que la relación terminó es uno de los mayores retos de la vida.

Perder esa relación crea una herida emocional, ¡por eso se le llama corazón roto! Eso es justo de lo que este libro trata. Es una forma de guiarte a través de esos pasos tan necesarios para después encontrar la relación que quieres y mereces.

Pérdida y duelo

El duelo es descrito como el sufrimiento emocional que una persona siente cuando alguien a quien amaba ya no se encuentra en su vida. Muchas veces, el dolor de una pérdida puede sentirse agobiante.

Una persona en duelo puede llegar a experimentar una gran variedad de difíciles e inesperadas emociones. Incluso pueden interferir negativamente en su salud física, hacer difícil la conciliación del sueño, comer en exceso o incluso no pensar con claridad. Esas son reacciones normales a las pérdidas—entre más significativa la pérdida, más intenso será el duelo.

Las 5 etapas del duelo fue un modelo desarrollado para describir el proceso de duelo relacionado a la muerte, pero proporciona un marco útil para entender cualquier pérdida significativa. Mientras que el proceso de duelo es muy individual y no hay modo correcto o incorrecto de afrontarlo, el modelo es útil ayudando a las personas a entender algunas de las emociones normales que probablemente experimenten.

Las cinco etapas de duelo son:

- Negación: "Esto no me puede estar pasando a mí"
- Ira: "¿Por qué está pasando esto? ¿A quién debo culpar?"
- Negociación: "Por favor haz que pare. Arréglalo y a cambio yo haré ___"
- Depresión: "Mi vida está arruinada, estoy muy triste como para hacer algo"
- Aceptación: "Estoy en paz con lo que pasó, todo pasa por una razón y esto habrá sido por algo"

Desafortunadamente, no existe un cronograma asociado al proceso de duelo. Eventualmente los tiempos difíciles deberán ser menos dolorosos, al igual que menores y menos incidentes, pero toma tiempo afrontar una pérdida.

Las buenas relaciones son impresionantes, ¡razón por la cual sentimos fuerte la pérdida cuando terminan! Satisfacen muchas de nuestras necesidades humanas, por lo que muchas personas anhelan encontrar buenos compañeros y vivir en relaciones comprometidas. Cuando la relación acaba, muchas de las necesidades importantes que antes eran satisfechas (o al menos aparentemente satisfechas) por la relación se quedan sin esa atención y eso resulta en una brecha crítica en nuestras vidas.

Empecemos con algunas bases psicológicas para explicar cómo es que esto funciona; para ello te pediré que imagines una pirámide que partiremos en cinco partes iguales de abajo hacia arriba para crear escalones.

En el primer escalón (de abajo hacia arriba), tendremos a las necesidades fisiológicas (aire, agua, etc.) y continuando con el segundo escalón encontraremos a las necesidades personales (seguridad personal, trabajo, salud, etc.). En el tercer escalón tendremos las necesidades de amor y pertenencia (amistades, intimidad, familia, etc.), en el cuarto escalón se encontrará la estima hacia nuestra persona (respeto, autoestima, fortaleza, libertad, etc.) y por último (y hasta el pico de la pirámide), la autorrealización (el deseo por llegar a ser más de lo que somos hoy).

De manera simple y empezando desde el primer escalón, una persona debe satisfacer las necesidades de ese nivel antes de subir a los demás escalones. Por ejemplo, hasta que tus necesidades fisiológicas estén satisfechas, no podrías preocuparte por tu seguridad y tu protección. Si tus necesidades de seguridad y protección no están satisfechas, no te será posible perseguir el amor y la pertenencia… y sin eso, la autoestima será inalcanzable.

La necesidad más obvia que se puede ver amenazada por una ruptura es la necesidad de pertenencia y amor. Sin embargo, es probable que las rupturas afecten otras necesidades, por ejemplo, las necesidades de estima se pueden ver desencadenadas por sentimientos de rechazo, arrepentimiento o indignidad.

Para muchas otras personas, el final de una relación también puede presentar retos en la necesidad de seguridad.

Esto puede ocurrir cuando las personas están casadas, viviendo juntos, creen que tendrán un futuro juntos o son financieramente dependientes del otro, y la ruptura puede significar que sus hogares y/o su estabilidad financiera cambie.

Todos necesitamos sentirnos amados y aceptados. Ser amado/a no es una necesidad emocional que se deba tomar a la ligera. Los seres humanos están programados para hacer conexiones con las personas a su alrededor para vivir una vida saludable y plena. Amar y ser amados son necesidades humanas básicas, seguidas rápidamente por nuestra necesidad de seguridad y protección.

· · ·

En las relaciones románticas, las parejas a menudo tienen la tarea de satisfacer la mayor parte de la necesidad de amor y pertenencia. Esta será la persona con la que se tendrán conversaciones tan regulares como "¿qué tal tu día?" hasta conversaciones más íntimas como sus esperanzas, sueños, temores, así como todo lo que suceda entre ustedes.

Tu pareja será alguien con quien disfrutes pasar tiempo juntos, compartir comidas, hobbies o incluso creencias y prácticas religiosas. Será tu amigo/a de confianza, la persona que te respaldará en tus problemas y será con quien satisfagas tus necesidades carnales y sexuales.

Aquí radica un gran desafío con una ruptura.

Dado que dependemos tanto de nuestra pareja sentimental, puede ser devastador perder a la persona que consideras tu mejor amiga, con la que hablas todos los días y que llena tu agenda de eventos. Tantos aspectos que se ven comprometidos al mismo tiempo.

Las rupturas nos dejan no solo con un enorme déficit de amor, sino también con un intenso sentimiento de soledad y añoranza por nuestro/a compañero/a—todo en una sola persona. Con la ruptura, caes al menos un escalón en la pirámide de Maslow, y muchas veces, más de uno. Una mayor vulnerabilidad se produce con cada escalón hacia abajo.

La autoestima hace referencia a la sensación de respeto y valor en uno/a mismo/a; describe cuánto te aprecias y cuánto te amas como eres. La idea aquí es que tu valor proviene solo de ser como eres, no debes hacer algo para ganarlo.

No importa lo que has logrado, cuántas relaciones fallidas has tenido, cuánto dinero tengas o cualquier cosa que venga del exterior. Tu autoestima es puramente un factor de tu valor interno, sin embargo, la mayoría de las personas basan su autoestima en logros externos.

Después de una ruptura, es muy natural tratar de averiguar qué pasó. Te esfuerzas mucho por comprender y dar sentido a la ruptura para poder mitigar el dolor y evitar que vuelva a suceder. Es normal y sano preguntarse las cosas que hiciste o dijiste que contribuyeron a dañar la relación para tomar responsabilidad de esas acciones.

En realidad, no puedo pensar en ninguna situación en la que ambas personas no sean parcialmente responsables de alguna manera por la ruptura. Además, la relación fracasó (sin importar qué pasó o quién tuvo la culpa) y ambas partes son dueñas del problema hasta cierto punto.

. . .

Este fracaso puede sacudir tu autoestima hasta la raíz, ya que naturalmente puede causar duda o culparse a uno/a mismo/a.

Incluso una persona que se siente libre de culpa por el final de la relación puede castigarse a sí misma por haber elegido mal a su pareja, no haber detectado el problema con tiempo o haber invertido mucho tiempo y energía con la persona equivocada.

Si la persona acepta toda la culpa por el fin de la relación o contrariamente, niega su participación en los motivos que la hicieron terminar, cualquiera de los extremos puede dañar la autoestima. Lo primero puede resultar en un ataque demasiado severo a la autoestima y lo segundo intentará proteger un sentido de autoestima ya frágil con un falso sentimiento de arrogancia.

Ninguno de estos es útil para aprender de la experiencia y crecer. Por otra parte, asumir la responsabilidad de tu parte en el final de la relación es un enfoque más equilibrado que puede ayudarte a procesar la relación mientras mantienes un nivel saludable de autoestima.

Otros desafíos más sutiles para la autoestima también pueden presentarse después de la ruptura. Por ejemplo, ¿te "perdiste" a ti mismo/a en la relación y ya no sabes quién eres, qué quieres o en quién te has convertido? A veces, las personas pierden sus identidades en el contexto de convertirse en pareja. Uno o ambos miembros de la pareja pueden haberse enredado/concentrado tanto en la otra persona que ya no actuaban ni se consideraban individualmente.

También, es importante abordar el *"ghosting"* (refiere a la acción de una persona que desaparece sin previo aviso). Cuando el motivo de la terminación de la relación es ambiguo o sospechoso (por ejemplo, alguien retira/bloquea la comunicación con la otra persona), es natural preguntarse por qué y qué sucedió.

Cuando las respuestas no son obvias, es muy humano querer comprender; sin embargo, la constante búsqueda de una "razón" puede volverte loco/a. Una conclusión natural en estas situaciones es pensar que hicimos algo mal o que fuimos inaceptables de alguna manera. Sin embargo, cuando una persona deja una relación a través del *ghosting*, es probable que tenga sus propios problemas emocionales. Esto no es un reflejo de ti.

El estrés asociado con una ruptura podría ser tan agobiante que podría limitar la capacidad de una persona para concentrarse y funcionar de manera efectiva en el trabajo, lo que amenazaría sus necesidades de seguridad.

· · ·

Cuando la pareja ha estado viviendo junta, la inseguridad de perder su hogar también puede resultar en un alto nivel de ansiedad y en el peor de los casos, si alguno de los integrantes de la pareja era financieramente dependiente de su ex, y/o tendrá problemas para sostenerse (o a sus hijos) por su cuenta, puede ser devastador.

Cualquiera de estas situaciones podría presentar un desafío a sus necesidades fisiológicas y de seguridad, llevándole de regreso a la base misma de la pirámide. En esos niveles, su sentido de supervivencia puede activarse y conducir a pensamientos y comportamientos desesperados.

La teoría de Maslow afirma que las personas ascienden en la pirámide sólo después de que se satisfacen las necesidades en los niveles inferiores. Entonces, alguien que disfrutaba de la vida en los niveles más altos de la pirámide puede caer rápidamente al fondo sin una red de seguridad después de una ruptura.

Tratar con las necesidades insatisfechas en múltiples niveles de la pirámide es más complicado y mucho más difícil de manejar. Cuanto mayor sea el número de necesidades que no se satisfagan, más complejo será el proceso de sanación y más tiempo llevará recuperarse.

· · ·

Intentar apresurar el tiempo de duelo, distraerte intencionalmente del dolor y evadir tus emociones casi siempre te asegurará quedarte en la misma situación todo el camino.

La esperanza aquí es que conociendo la ciencia detrás de "por qué es tan difícil" pueda ayudarte a ser más paciente y amable contigo mismo/a, lo que en realidad acelerará tu recuperación y te preparará mejor para conseguir la pareja ideal.

Resumiendo

- Como humanos, cuando suceden cosas malas, queremos comprender mejor la razón. Eso nos brinda un sentimiento de control. Esta sección proporcionó algunos de los fundamentos científicos detrás del dolor de una ruptura con la esperanza de hacer que la situación sea un poco más tolerable.
- Las rupturas incluyen un trauma real y crean una herida emocional similar a las heridas físicas. El que produce un corazón roto es real y necesita tiempo y cuidado para sanar.
- El final de una relación también es una pérdida. Entender las cinco etapas del duelo (negación, ira, negociación, depresión y aceptación) puede

ayudarte a dar sentido a tu experiencia después de la ruptura.

- La jerarquía de las necesidades propuesta por Maslow ayuda a explicar las múltiples necesidades importantes que se pueden ver insatisfechas cuando una relación termina. Como mínimo, hay un déficit en la necesidad de pertenencia y amor. La autoestima también puede verse afectada por una sensación de rechazo o fracaso en la relación. Según la duración de la relación y el compromiso (por ejemplo, matrimonio, apoyo financiero, compañerismo), incluso la necesidad de seguridad puede verse comprometida.

- Entre más esenciales sean las necesidades afectadas (por ejemplo, amor, estima, seguridad), más difícil será la recuperación de la ruptura.

- Apresurar el periodo de duelo, distraerte del dolor y evadir tus emociones te asegurará repetir el mismo patrón de errores en tus siguientes relaciones.

- Asimilando que el dolor y tristeza es normal, puede alentarte a darte permiso para superar el duelo de una manera más efectiva y obtener la relación ideal que deseas.

2

Las emociones y tu cerebro ocupado

LAS EMOCIONES PUEDEN SER DESCRITAS SIMPLEMENTE como tus sentimientos (por ejemplo, felicidad, miedo, enojo). Todo el mundo experimenta emociones, pero son más importantes de lo que mucha gente cree: son un factor clave para ayudarte a sobrevivir y prosperar en la vida. Los científicos debaten la definición de emociones, cómo se miden, qué las desencadena y cómo se expresan. Las emociones son un estado complejo que resulta en cambios tanto psicológicos como físicos, por lo tanto, es una conexión mente-cuerpo.

Si bien probablemente estés familiarizado/a con la idea de que las emociones tienen un efecto psicológico, es posible que te sorprenda aprender el efecto fisiológico de las mismas. Sin embargo, te invito a considerar cómo un adulto que experimenta problemas en el trabajo puede presentar síntomas de ansiedad como tensión en el cuello o los hombros, respiración acelerada o aumento del ritmo cardíaco.

. . .

La investigación para comprender a las emociones aún se encuentra en etapas relativamente tempranas de desarrollo.

Aprender sobre lo que desencadena tus reacciones emocionales, tomar conciencia de esas reacciones y responder a tus sentimientos de una manera saludable es muy importante para el éxito de una relación futura. También será importante reconocer el enorme costo de evitar o suprimir tus sentimientos.

Emociones negativas

No hay forma de evitarlas. Simplemente hay mucho dolor emocional y emociones negativas asociadas con el final de una relación. Por las razones ya descritas, puede ser debilitante. La ira, la tristeza, el dolor y la desesperación que te siguen pueden ser abrumadores, apilados sobre el desafío de lidiar con el cambio.

El dolor emocional y el trauma no son el único problema.

Cuando tenemos reacciones emocionales fuertes (negativas), nos cuesta procesar la información de manera clara y racional.

. . .

Las emociones negativas parecen adueñarse de nuestros cerebros.

Una vez que el miedo, la ira, el dolor o el resentimiento entran en escena, tendemos a aislarnos. En las conversaciones, es como si nuestros oídos dejaran de funcionar.

Oímos, pero no escuchamos la información que se comparte, solo escuchamos selectivamente lo que coincide con nuestras emociones y creencias, e ignoramos otra información.

En muchos casos, no podemos escuchar lo que dice la otra persona o determinar con precisión lo que quiso decir. Los errores de percepción y juicio pueden ocurrir regularmente en condiciones normales, pero cuando experimentamos emociones muy cargadas, es especialmente difícil procesar la información de manera racional, por lo que nuestra capacidad de juicio y toma de decisiones se ve afectada temporalmente.

Un conjunto de emociones negativas que probablemente experimentarás después de una ruptura están relacionadas con el cambio. Para muchas, muchas personas, el "cambio" genera muchos sentimientos negativos (por ejemplo, pavor, incomodidad, temor).

· · ·

En una ruptura experimentas muchos cambios relacionados con la pérdida de tu pareja, puedes perder a tu mejor amigo/a y tal vez incluso con quién vivías. Cuanto más entrelazaron sus vidas (por ejemplo, en el caso del matrimonio o la cohabitación), más perturbaciones sucederán cuando termine la relación. En estos casos, incluso las cosas más básicas que has dado por sentadas cambian.

Como humanos, no nos sentimos cómodos con el cambio o la ambigüedad. Algunas personas luchan contra el cambio más que otras, pero todos nos resistimos hasta cierto punto —es un instinto evolutivo para protegernos de lo desconocido.

Vale la pena reconocer que algunas de las emociones negativas que sientes no están completamente relacionadas con la pérdida de tu pareja romántica. Es probable que una parte de la agitación esté relacionada con los cambios que ocurrieron como resultado de la ruptura. Además de lidiar con un corazón roto, el final de la relación significa que pierdes la cotidianeidad de tu vida, tus rutinas, muchos de tus planes y tu zona de confort.

Separar esto puede ayudarte a poner el dolor en perspectiva. Atribuir parte de tu dolor al proceso de cambio puede ayudar a minimizar la angustia asociada con la situación. Dado que todos hemos pasado por muchos cambios en la vida y entendemos que solo es incómodo hasta cierto punto, podemos tener fe en que sobreviviremos y lo superaremos eventualmente.

Después de todo, piénsalo, llevas una gran parte de tu historia sobreviviendo a los cambios. Ten la confianza de que superarás este proceso y no sentirás la pérdida tan intensamente en algún momento.

El cerebro ocupado

Como si lidiar con las emociones negativas no fuera suficiente desafío para hacer frente a una ruptura, el desafío de los sesgos cognitivos también se acumula. Nuestras mentes conscientes solo pueden manejar una pequeña fracción de información, por lo que nuestros cerebros toman atajos cognitivos para ayudar a clasificar la información más relevante y filtrar el resto.

De lo contrario, estaríamos totalmente abrumados e incapacitados ante la perspectiva de evaluar el tsunami de estímulos al que nos enfrentamos todos los días. Todo esto sucede automáticamente sin que nos demos cuenta. Nuestros cerebros están programados para hacer este trabajo de clasificación y filtrado en piloto automático, para que podamos concentrarnos en otras cosas que requieren más atención y pensamiento consciente.

· · ·

Nuestros cerebros hacen un trabajo maravilloso liberándonos para pensar y hacer cosas más importantes. Pero ¿quién programa el cerebro para decidir qué pasa por el filtro y qué se queda en él? Tú lo haces. Tu educación y crianza entrenan a tu cerebro para priorizar y elegir lo que es más relevante; la mayor parte sucede sin que tú estés consciente.

Estos atajos también se conocen como sesgos cognitivos. Estos sesgos filtran lo que se registra en tu mente y lo que se ignora.

Tus atajos pre-programados están operando detrás de cada pensamiento todo el día, todos los días, tomando decisiones sobre lo que notarás y lo que no notarás.

Si bien esta es una función maravillosa que nos ayuda a sobrevivir, también puede conducir a un sesgo inconsciente o implícito. Esto es cuando las personas tienen actitudes o hacen juicios estereotípicos sobre personas o cosas sin conocimiento consciente. Estos sesgos tienen graves consecuencias en la forma en que percibimos, hablamos y actuamos con otras personas.

La buena noticia es que hay formas de superar estos sesgos.

Tomar conciencia de que existen es un primer paso muy importante. Esta conciencia puede ayudarte a comenzar a detectarlos en tu pensamiento y toma de decisiones.

Después, puedes desafiarte para considerar explicaciones alternativas, evidencia contraria y otras opciones en lugar de aterrizar en lo primero que se te ocurra. Finalmente, puedes establecer algunas técnicas de seguridad para evitar caer en la trampa de tus prejuicios. Por ejemplo, puedes establecer el hábito de esperar un día completo antes de tomar decisiones importantes para asegurarte de que tus emociones no influyan demasiado en tu decisión.

Resumiendo

- Las emociones juegan un papel crítico en tus relaciones y sus finales. Aprender qué las desata, cómo reaccionas y cómo respondes a esas emociones de forma saludable es muy importante para el éxito de futuras relaciones.
- Tu cerebro es bombardeado con mucha más información que puede procesar. El resultado de esto es que tome atajos cognitivos detrás del escenario para clasificar y priorizar la información más relevante y filtrar el resto.
- De hecho, "programas" tu cerebro según aquello en lo que te enfocas. Estos atajos, aunque útiles en general, se denominan sesgos porque sin información completa, a menudo conducen a falsas percepciones. Desafortunadamente,

operamos en la vida bajo muchos sesgos, que a menudo pueden causarnos graves consecuencias.

- La buena noticia es que puedes superar estos sesgos. Tener conciencia de estos te ayuda a detectarlos en tu pensamiento y toma de decisiones para que puedas tomar medidas para reducir los resultados no deseados.

3

Sesgos mentales

Hay sesgos que nos afectan de muchas maneras, incluso en nuestras relaciones. ¿Alguna vez has estado en una conversación tensa en la que tu pareja jura que dijo algo y tú juras que no? La ciencia de los sesgos cognitivos sugiere que no es una decisión intencional la de ignorar (o no recordar) lo que se dijo.

La verdad es que ambos pueden haber tenido razón.

El estrés o el dolor de la situación puede haber afectado su capacidad para escuchar o procesar la información (sobrecarga cognitiva) o sus sesgos cognitivos filtraron la información incorrectamente. Este descuido no se hizo a propósito, pero es realmente una consideración importante para comprender las relaciones, los malentendidos y lo que debemos hacer para superar los sesgos dañinos.

· · ·

El poder de la negatividad

Como seres humanos, estamos programados automáticamente para centrarnos en la información negativa: desafortunadamente, las malas noticias suelen llamar más la atención que las buenas; este es uno de los problemas más amenazantes para las relaciones exitosas y nuestra felicidad en general.

Las malas noticias atraen más nuestra atención debido al sesgo de negatividad. Desafortunadamente, cuando se le da más peso a la información negativa, a menudo conduce a errores en nuestro juicio.

Los sesgos de negatividad son la idea de que las cosas con naturaleza negativa (pensamientos, emociones, eventos traumáticos, etc.) tienen más atención y tienen mayor efecto en el estado psicológico que las cosas positivas o neutras (aun cuando la intensidad es parecida en ambos).

Los pensamientos y las experiencias negativas captan nuestra atención, se quedan en nuestra memoria e influyen en las decisiones que tomamos. Es muy importante entender esto porque los sesgos de negatividad tienen un impacto poderoso en nuestras relaciones también.

Por ejemplo, puedes conocer a una persona perfectamente agradable en línea y tener una excelente conversación telefónica para conocerla mejor. Si bien han tenido comunicaciones positivas durante un par de semanas y la llamada va muy bien durante 30 minutos, a la primera señal de algo que no te gusta, podría cambiar por completo tu actitud hacia esa persona (a menudo sin confirmar tu impresión).

Entonces, después de 29 minutos de una excelente conversación que sugiere que esta persona podría ser un gran partido, un poco de información que crees negativa (independientemente de cuán vaga) podría descartarle como opción. Esto puede parecer una exageración, pero el sesgo de negatividad es muy poderoso; vale la pena tomarte el tiempo para observar si se desarrolla en tu vida y cómo.

Pelea o huida

Nuestra tendencia a prestar más atención a las cosas malas y pasar por alto las buenas es probablemente el resultado de la evolución. Las personas tenían más probabilidades de sobrevivir si prestaban más atención a la información negativa porque las consecuencias eran mayores si no lo hacían.

Nuestros antepasados tenían que escanear el entorno en busca de peligros y amenazas como una cuestión de vida o muerte (por ejemplo, la aproximación de un depredador). Cuando se detecta un peligro, el cuerpo reacciona con una serie de cambios fisiológicos destinados a prepararse para una lucha o una "huida".

. . .

Esto representa la secuencia instintiva de respuestas hormonales y fisiológicas ante una situación de amenaza, las cuales preparan al individuo para resistir a la fuerza o salir corriendo. Aunque hoy en día esos mismos tipos de amenazas físicas no existen tanto, el cerebro continúa escaneando y enfocándose en lo negativo como una forma de mantenernos a salvo.

La respuesta de lucha y huida al peligro en el entorno también se desencadena por amenazas de posibles "peligros" emocionales. Tu cerebro y tu cuerpo no diferencian entre estímulos físicos y emocionales.

Cuando nos sentimos amenazados por la ira, las acusaciones, un ultimátum o incluso insultos verbales de una pareja, podemos percibir las palabras como un ataque personal que nos puede poner en el modo pelea o huida. Nuevamente, nuestros cerebros están buscando peligro, por lo que el sesgo de negatividad juega en nuestra contra.

Otro punto importante sobre cómo esta respuesta impacta en una relación está relacionado con cómo opera el cuerpo cuando se activa la lucha y huida. En estas situaciones, nuestra capacidad para percibir la información de manera objetiva, escuchar con claridad y procesar la información de manera efectiva puede verse afectada debido a la priorización y movilización de los recursos más críticos del cuerpo para dar una respuesta acorde.

· · ·

Tu cerebro está tomando un atajo hacia la "supervivencia" y eliminando todo lo demás, incluso lo que es importante para tu capacidad de evaluar adecuadamente la situación. Con el tiempo, esta activación repetida de la respuesta al estrés tiene un efecto nocivo en el cuerpo.

Sesgo de confirmación

El sesgo de confirmación es la tendencia a buscar activamente evidencia de apoyo (y darle más relevancia) como confirmación de las propias creencias existentes mientras se ignora la información opuesta.

Como acabamos de discutir, como humanos tendemos a notar más información negativa y reaccionar más fuertemente a ella. Ahora, entramos al sesgo de confirmación, que esencialmente multiplica el efecto negativo.

Debido al sesgo de confirmación, tu mente buscará información para confirmar tus creencias, pensamientos y percepciones, y descarta la información que no los respalda.

Todo esto sucede inconscientemente, sin que te des cuenta.

. . .

Es muy importante entender el sesgo de confirmación, pues por supuesto, esto está sucediendo automáticamente sin tu conocimiento consciente. Con el sesgo de confirmación en juego, tu enfoque se expande porque es lo que vemos y experimentamos; es todo lo que nuestro filtro permite. Nos enfocamos en lo que ya creemos que es verdad y eso se refuerza repetidamente. Necesitamos volver a entrenar nuestros cerebros para evaluar de manera más efectiva considerando tanto la información positiva como la negativa.

El sesgo de negatividad pone más énfasis en el sutil pensamiento negativo de no tener la relación que deseas que en la expectativa de que tendrás una gran relación.

Además, es posible que hayas tenido algunas malas experiencias de relación en el pasado, por lo que es fácil que surjan más dudas.

Es por esto que también puede traer algunos problemas con la forma en la que percibes tu imagen corporal (por ejemplo, "no soy atractivo/a porque subí de peso"). Así que ahora estamos acumulando pensamientos negativos adicionales en torno a la idea de encontrar una relación.

Con suerte, estarás viendo que el mazo se puede apilar fácilmente en el lado negativo de la ecuación. Entonces, ¿quiénes son las personas en las que se va a enfocar tu cerebro? Personas que te demostrarán que tienes razón.

· · ·

A través del sesgo de confirmación, tu cerebro filtra las buenas perspectivas que deseas y, en cambio, verá a las parejas potenciales que no deseas. Aunque parezca una locura, te encontrarás conociendo y atrayendo a posibles candidatos que no puedan comprometerse o que te juzgarán por tu apariencia, confirmando así tus expectativas negativas.

Sesgo de exceso de confianza

Este sesgo es bastante sencillo y destaca la tendencia a confiar demasiado en nuestras habilidades y decisiones. El sesgo de exceso de confianza es la tendencia a sobreestimar nuestras habilidades y talentos: creemos erróneamente que somos mejores de lo que realmente somos.

La tendencia a ser demasiado confiado/a no significa necesariamente que seas arrogante, sino que a todos nos gusta pensar lo mejor de nosotros mismos y no nos gusta pensar que no somos tan buenos como los demás. El punto de introducir el sesgo de exceso de confianza no es desafiar tus habilidades o talentos, lo relevante aquí es recordar que todos estamos sujetos a errores de juicio por prejuicios.

Confiar demasiado en tus habilidades podría ser un punto débil en muchas áreas de tu vida, incluidas tus relaciones. Por ejemplo: ¿estás demasiado seguro/a de que tu ex es totalmente responsable de la ruptura y que no hiciste nada malo? ¿Estás seguro/a de que la mayoría de las parejas potenciales solo están interesadas en ti por tu dinero o por relaciones íntimas?

¿Estás seguro/a de que ninguna pareja estaría interesada en alguien con tres niños pequeños o que tenga sobrepeso o que no tenga el mejor trabajo?

Con suerte, la evidencia sobre el exceso de confianza hará que te sientas seguro/a para reevaluar algunos de los pensamientos y juicios que has estado haciendo y que pueden estar llevándote por el camino equivocado.

Una nota final sobre el exceso de confianza es la idea de que, dado que ahora sabes cómo pueden funcionar en tu contra, ¿podrías aprovecharlo para ayudarte? ¿Hay áreas de tu vida en las que quieres tener más confianza?

Por ejemplo, si deseas estar más seguro/a de que eres atractivo/a, interesante y un buen partido, intenta buscar la evidencia para demostrar que tienes razón e ignora o descarta la información que sugiere que no la tienes.

Superar los sesgos

. . .

Si quieres tener la relación que sueñas, te ayudará bastante estar dispuesto/a y tener apertura a desafiar tu forma de pensar. Para comenzar a avanzar, tenemos que encontrar formas de combatir estos sesgos cerebrales: deberás tomar medidas adicionales para reconfigurar tu cerebro y desafiar las conclusiones automáticas.

A continuación, se presentan algunos pasos que te ayudarán a guiarte por un buen camino para superar los diversos tipos de sesgos:

Conciencia – sé consciente de estos sesgos que influyen en tu pensamiento y decisiones. Comienza a detectarlos para que puedas ralentizar los procesos automáticos.

Pausa – escanéate para averiguar si tienes emociones negativas que podrían estar afectando tus percepciones o decisiones. Si encuentras que las hay, espera a que tus emociones se calmen, para que puedas evaluar tus opciones de manera más efectiva.

Busca la verdad – comprueba tus suposiciones, haz preguntas para confirmar tus juicios.

Busca explicaciones alternativas y evidencia contraria – ¿por qué más podría haber sucedido esto?, ¿hay alguna información de que esto podría estar equivocado (recuerda que el cerebro filtra la evidencia que no respalda nuestra posición)?

. . .

Considera otras opciones cuando estés tomando decisiones: ¿qué alternativas hay disponibles?

Amplía tu perspectiva; pídeles a amigos y familiares de confianza (que no tengan miedo de decirte la verdad) que te ayuden a evaluar tu situación.

Planes de seguridad – si deseas evitar sesgos, ¿qué puedes hacer para ayudarte a superarlos (por ejemplo, esperar un día antes de tomar decisiones importantes)?

Resumiendo

- Nuestros cerebros están muy ocupados y son bombardeados diariamente con muchos más estímulos de los que podemos considerar. El resultado: desarrollamos sesgos que filtran lo que necesita atención y lo que se puede ignorar. Estos sesgos tienen un propósito muy importante para ayudarnos a enfocarnos y filtrar una cantidad abrumadora de datos, sin embargo, muchos de estos atajos pueden ser perjudiciales.
- Uno de los sesgos más poderosos y destructivos es el sesgo de negatividad. En un esfuerzo por

protegernos, nuestro cerebro busca más información negativa para que podamos evitar lesiones. Por lo tanto, la información negativa recibe más atención y más peso. El efecto dañino de este sesgo también puede extenderse en las relaciones.

- El cerebro (y posteriormente tu cuerpo) reacciona a situaciones estresantes con la reacción de lucha y huida que desencadena una respuesta fisiológica para proteger el cuerpo. Cuando el cerebro cambia el cuerpo al modo de protección, también afecta nuestra capacidad de juicio y toma de decisiones. Esto ocurre ya sea que una situación sea realmente peligrosa para la vida o no.
- La reacción de lucha y huida también responde a los estímulos emocionales. Tu cerebro no diferencia entre las amenazas físicas y emocionales.
- El segundo sesgo más importante que interviene en las relaciones es el sesgo de confirmación. Tu cerebro busca solo información que "confirme" tus creencias y descarta cualquier otra información que no lo haga.
- Se agrega dolor a la lesión activando el sesgo de exceso de confianza que nos hace creer que podemos ser mejores de lo que realmente somos, lo que también puede ser problemático para las relaciones.
- ¡La buena noticia es que puedes reconfigurar tu cerebro y superar estos sesgos! Humildemente

desafía tus creencias, pensamientos y decisiones.
Puedes hacer esto volviéndote más consciente,
haciendo una pausa antes de actuar, buscando la
verdad de manera más intencional y
estableciendo planes de seguridad.

$$\overline{}$$

4

Volver a intentar... ¿o soltar?

DESPUÉS DE UNA RUPTURA, muchas personas deben enfrentar una decisión crítica: tratar de volver a estar juntos y hacer que la relación funcione o dejarla ir. Otra complicación es que tú o tu pareja pueden querer darle otra oportunidad a la relación, pero el otro de ustedes no quiera intentarlo.

Hay muchas buenas razones para tratar de salvar la relación.

Esta opción puede parecer lógica y más atractiva porque también detiene el dolor inmediato de la ruptura. Si fuiste feliz en algún momento de la relación, existe la posibilidad de que vuelvas a ser feliz, ¿verdad? Las personas que siguen este camino al menos pueden decir que hicieron todo lo posible para tratar de salvar la relación.

• • •

Básicamente, la decisión se reduce a si se debe hacer una inversión adicional de tiempo, energía y amor en una relación que no funcionó antes, o invertir en algo nuevo que puede o no ser mejor y es completamente desconocido. Mantener el status quo de "el diablo que conocemos" (es decir, nuestra relación rota) puede parecer mejor que "el diablo por conocer" (es decir, la oportunidad potencial desconocida de una nueva relación). Es una elección difícil sin una respuesta fácil.

Sin embargo, volver a estar juntos también requerirá trabajo para solucionar cualquier problema (o problemas, ya que generalmente hay más de uno) que causaron la ruptura, y es posible que los problemas no se puedan solucionar (si una o ambas partes no quieren o no pueden cambiar).

Decidir volver significa que hay que reconstruir la confianza, y ésta, es muy frágil. Una vez perdida, la confianza es extremadamente difícil de recuperar (si es que se recupera), pero no es imposible si se toma la decisión de volver a confiar.

Claramente, esta es una decisión importante. Tu felicidad futura depende de tomar la decisión correcta, debe hacerse con sumo cuidado utilizando tu mejor lógica. Sin embargo, las probabilidades están en tu contra al tomar esta decisión.

· · ·

Tus procesos de decisión normalmente sólidos pueden tener fallas debido a algunas tendencias muy humanas y esos sesgos cerebrales que te empujan a salvar la relación en lugar de seguir adelante con una nueva. Debes ser consciente de estas influencias y comprender lo que puedes hacer al respecto para tomar una decisión más sana y óptima.

Veamos tres consideraciones importantes: 1) el impacto de tus emociones, 2) la necesidad de que ocurran cambios para que la relación funcione y 3) los sesgos cognitivos que apilan el mazo.

Emociones

Después de una ruptura, sientes dolor emocional. No necesitamos entrar en más detalles aquí; ¡lo sabes y lo estás viviendo! Volver a estar juntos parece una forma de eliminar el dolor. Desafortunadamente, esta compleja decisión de quedarse o irse debe tomarse en un momento en que te encuentras bajo presión emocional y, por lo tanto, operas sin su mejor toma de decisiones racional.

En primer lugar, no sientas la necesidad de apresurarte a tomar una decisión. Si han terminado, la gran decisión de terminar la relación ya ha sido tomada, así que, en la medida de lo posible, pospón la decisión de reunirse hasta que tus emociones sean menos intensas.

Una prueba simple para determinar si tus emociones están influyendo en tu decisión es verificar si sientes ansiedad, actitud defensiva o cualquier otra emoción cuando piensas en ello. Si sientes alguna emoción, está influyendo en tu decisión.

Además, si sientes presión para tomar una decisión debido a finanzas, la insistencia de tu ex para volver a estar juntos y/o, cualquier otra razón... detente y toma un respiro.

¡Ten en cuenta que estas razones crean miedo y estrés adicionales, lo que deteriora aún más tu capacidad para tomar una buena decisión! Tómate el tiempo que necesites.

También acércate con amigos o familiares de confianza que puedan ayudarte a identificar objetivamente los pros y los contras de esta decisión. Es importante que estos amigos y familiares de confianza tengan un historial de ser honestos contigo y no te digan simplemente lo que creen que quieres escuchar.

Recuerda que las personas que te rodean también pueden sentirse incómodas con tu dolor, por lo que sin saberlo pueden sugerirte que vuelvas a intentar la relación, ya sea que eso sea lo mejor para ti o no. Es importante que busques el consejo de personas que tengan un buen grado de estabilidad emocional y puedan brindarte una perspectiva honesta sin preocuparse por tu reacción o su propia incomodidad por tu dolor.

Cambios

Si tú y tu ex pareja están considerando reunirse después de la ruptura, deben pensar en lo que debe cambiar para que la relación tenga éxito. Eso puede requerir que tú, tu pareja o ambos hagan cambios.

Debes ser consciente de los hechos sobre el cambio. Las personas no pueden cambiar hasta que estén listas.

Las personas no pueden (o no van a) cambiar con éxito simplemente porque queremos que lo hagan. Es posible que quieran cambiar para hacerte feliz e incluso pueden ver el beneficio de hacerlo para sí mismos. Para que el cambio tenga éxito, el deseo debe provenir de adentro, no de afuera.

Entonces, ¿salvar la relación significa que tu ex tiene que cambiar o ahora puedes aceptarle como es? Necesitar ver un cambio de tu ex para que la relación tenga éxito es una situación traicionera y de alto riesgo.

Considera estas preguntas detenidamente y prevé cuidadosamente el riesgo o la probabilidad de cambio:

- ¿Están dispuestos?
- ¿Es un cambio mayor o menor?
- ¿Tienen un historial de poder cambiar?
- ¿Cuánto trabajo o esfuerzo se necesita para el cambio?
- ¿Cuánto tiempo tomará para ver el cambio?
- ¿Puedes confiar en que mantendrán el cambio?
- Incluso si cambian, ¿pueden recuperar tu confianza? (¡Es tu elección confiar de nuevo!)

Si ambas partes necesitan cambios, también deberás trasladar estas preguntas a ti mismo/a... y responder con honestidad.

Si bien la baraja parece estar contra las probabilidades de éxito, cuando se trata de los cambios necesarios para volver a estar juntos, hay pocas cosas más motivadoras que el amor, la posibilidad de salvar un matrimonio, mantener a una familia u otra relación a largo plazo para hacer que funcione.

· · ·

Si has invertido tiempo y trabajo personal y emocional en una relación a largo plazo, es posible que desees saber que hiciste todo lo posible para que funcionara, incluso si existía una mínima posibilidad de éxito.

Más sesgos

Además del impacto de las emociones negativas, existen otros sesgos cognitivos en juego que influyen en tus decisiones. Además, estos sesgos restan valor a tu capacidad para tomar una buena decisión. Desafortunadamente, estos sesgos que estamos a punto de descubrir se acumulan en la dirección de tratar de salvar la relación: debes ser consciente de ellos, cómo operan para influir en tus decisiones y qué puedes hacer para contrarrestar su impacto.

Rechazo a la pérdida

Las personas hacen todo lo posible para evitar una pérdida debido al sesgo conocido como aversión a la pérdida: el deseo de evitar una pérdida puede parecer una opción obvia, después de todo, nadie quiere perder; preferimos evitar ese resultado.

El desafío entra en juego cuando elegimos entre una oportunidad de ganar y el potencial de perder. Este sesgo para evitar la pérdida es tan fuerte que puede llevarte a tomar decisiones que te impidan experimentar algo bueno.

Así es como se desarrolla esto en términos de una ruptura. Al considerar las probabilidades entre volver con tu ex después de la ruptura o encontrar una nueva pareja, esencialmente estás considerando el riesgo de perder la relación pasada contra la promesa de una mejor relación con otra persona en el futuro.

La aversión a la pérdida sugiere que es más probable que intentes volver a estar con tu ex para salvar la relación rota (evitar una pérdida) que poner tu energía en la posibilidad de una relación nueva y mejor. Esto es cierto, a pesar de los importantes problemas que llevaron a la ruptura y las pocas probabilidades de que vuelva a funcionar.

Teoría de la perspectiva

Otro sesgo que entra en juego se relaciona con nuestra fuerte preferencia por algo que podemos tener hoy versus lo que tenemos que esperar en el futuro, incluso cuando lo que obtenemos en el futuro es mejor.

Veamos cómo se desarrolla este sesgo en términos de rupturas: es más probable que la mayoría de las personas regresen a una relación anterior con la esperanza de ser felices ahora (aunque hayan sufrido el dolor de la ruptura y haya problemas significativos con la relación), que esperar e invertir en una mejor relación en el futuro.

Esencialmente, sientes dolor y quieres que el dolor termine. No queremos posponer nuestra felicidad, pues la relación del futuro no es segura y parece demasiado lejana para ser algo por lo que valga la pena esperar.

A medida que se acerca a la decisión de volver a intentarlo o dejarlo ir, tu objetivo es tomar la mejor y más racional decisión que puedas. Desafortunadamente, como ahora comprendes, las probabilidades están en contra de tu capacidad para hacerlo de manera imparcial.

Tus emociones negativas secuestran los procesos de decisión racional de tu cerebro. Tu deseo de dejar de sufrir y tus prejuicios humanos te empujan en la dirección de tratar de volver con tu ex. Sin embargo, lo que sabemos sobre el cambio hace que el camino del reencuentro sea muy difícil.

Si tu pareja hace cambios o no, o los haces tú, la relación cambiará. Una de las decisiones más difíciles de tomar cuando termina una relación puede ser tratar de lograr que funcione o seguir adelante. Hay muchas buenas razones para tratar de salvar la relación. Ya que, en ella, amaste.

. . .

Resumiendo

- Una de las decisiones más difíciles de tomar cuando termina una relación puede ser tratar de hacer que funcione o seguir adelante.
- Hay muchas buenas razones para tratar de salvar la relación. Amabas a tu ex, tienen una identidad como pareja, una historia juntos y hasta podrías tener una familia. Si sigues este camino, al menos puedes decir que hiciste todo lo posible para salvar la relación.
- Hay muchos sesgos que entran en juego con esta decisión. Algunas de las fuerzas que apoyan una reunión incluyen el deseo de mantener el statu quo, el miedo a lo desconocido, el alivio inmediato del dolor emocional, la aversión a la pérdida, la escalera del compromiso y la teoría de la perspectiva. Ser consciente de esto puede ayudarlo a evitar ser víctima de prejuicios y tomar la mejor decisión.
- Ten en cuenta estos sesgos cuando tomes la decisión de quedarte o irte. Si bien hay muchos factores que los impulsan a volver a estar juntos, ten en cuenta la necesidad de que tú y tu ex o ambos cambien. Considera la probabilidad real de hacer esos cambios.
- Si sigues el camino del libro, estarás mejor preparado/a para encontrar una gran nueva pareja o reunirte con éxito con tu ex.

5

Entendiendo el poder de las emociones

Lo CREAS O NO, nuestras emociones son lo más importante en lo que debemos concentrarnos para ayudarnos a superar una ruptura de una manera saludable. La respuesta típica a los sentimientos negativos es evitarlos o subcontrolarlos, pues el dolor de una ruptura puede ser insoportable, y para la mayoría de las personas, superar ese dolor lo más rápido posible es una alta prioridad porque queremos salir del dolor.

Tratamos de evitar las emociones negativas ignorándolas, adormeciendo el dolor, reprimiendo las emociones, cambiando nuestra atención a un nuevo amor o un proyecto. Como humanos, nos resistimos ferozmente a experimentar dolor emocional como si nuestras vidas estuvieran en juego.

. . .

Algunas de estas acciones pueden ser útiles a corto plazo, siempre y cuando también abordemos el procesamiento de estos sentimientos negativos.

Sin embargo, muchas veces hacemos cosas que nos distraen del dolor para evitar lidiar con las emociones. Esto solo funcionará temporalmente antes de que los sentimientos negativos vuelvan a aparecer y quizás esta vez con más intensidad.

¿Por qué hacemos todo lo posible para evitar sentirnos mal?

Una razón puede ser que no nos damos cuenta de lo rápido que terminará el dolor emocional si nos permitimos sentirlo. A predecir cómo nos vamos a sentir en el futuro sobre situaciones al momento de tomar decisiones, se le llama pronóstico afectivo.

Así que, la explicación de por qué evitamos experimentar emociones negativas está relacionada con el pronóstico afectivo. Investigadores descubrieron que las personas generalmente son imprecisas cuando predicen sus sentimientos sobre situaciones o cosas que esperan del futuro. Subestimamos tanto las emociones negativas como las positivas en relación con situaciones o cosas "malas" y "buenas" (respectivamente) que anticipamos.

· · ·

Podemos ver que, aunque las emociones negativas generalmente se disipan en cuestión de minutos, creemos que los sentimientos negativos nos acosarán por mucho más tiempo y se sentirán mucho peor de lo que en realidad se sienten.

Nuevamente, estas percepciones erróneas muy típicas nos perjudican de manera significativa, porque evitamos lidiar con nuestras emociones negativas en lugar de manejarlas.

Aparte de ignorar las emociones negativas, la otra cara de la moneda es concentrarse demasiado. Enfocarse y el procesar son dos cosas diferentes. Centrarse en las emociones (sin procesar) podría incluir llanto, sentir lástima por nosotros mismos o permanecer atrapados en nuestras emociones durante un tiempo innecesariamente largo.

Por supuesto, es difícil salir del dolor y la pena de la pérdida de la relación en las primeras etapas, pero es importante avanzar y superar el ciclo de pensamientos negativos lo más rápido posible, y de la mejor manera posible.

Resumiendo

- Las emociones son la clave para tener una relación romántica satisfactoria y gratificante. Comprender cómo manejarlas y qué sucede cuando no lo hacemos es un determinante principal de si tenemos o no relaciones exitosas.

- Como humanos, tendemos a pasar por alto las emociones (evitar, ignorar, adormecernos, desviar la atención) o a concentrarnos demasiado (rumiar, llorar, sentir lástima por nosotros mismos, aguantar demasiado). Ninguno de los enfoques te permite procesar tus emociones de manera efectiva.

- Mucha gente piensa en "procesar" la ruptura como "usar la lógica" para pensar en la dinámica de la relación, personalidades, necesidades, estilos de comunicación, etc. Este es un paso importante, pero no suficiente. También es fundamental procesar las emociones de la ruptura.

- Procesar las emociones es diferente. Pensar no resuelve ni libera el dolor atrapado; eso sólo viene de la curación emocional. Simplemente no hay otro camino.

- Procesar significa permitir que los sentimientos negativos estén presentes sin alejarlos, aceptarlos y luego decidir dejarlos ir.

- Cuando las emociones negativas se ignoran o evitan, no desaparecen, sino que se almacenan en las células de nuestro cuerpo y reaparecerán cuando se activen nuevamente. Esto da como resultado un refuerzo que ahora requiere acciones más grandes y fuertes para alejar el dolor.

- Muy simple y real: si deseas una mejor relación, debes aprender a procesar esas emociones dolorosas y persistentes.
- Afortunadamente, no es difícil ni lleva mucho tiempo procesar tus emociones. Es una forma poderosa de vivir una vida más plena y feliz.

6

Tips para prosperar

AHORA QUE HEMOS CUBIERTO algunos de los impactos psicológicos de cómo tu forma de pensar puede estar alterando tus elecciones y manejando tus emociones, echemos un vistazo a algunas formas en que puedes sobrevivir a la ruptura y comenzar a prosperar.

Este es el momento para ser brutalmente amoroso/a contigo mismo/a. Significará conectar con las personas, hacer ejercicio, comer saludable, mimarte (de manera saludable) y no hacer cosas que se sientan como una obligación. Un corazón roto requiere tiempo y mucho cariño para sanar.

Si bien puedes estar experimentando mucha tristeza, puede ser útil darte permiso y establecer plazos para el luto. Esto es importante si estás ocupado/a y no reservas tiempo para el duelo, o si pasas demasiado tiempo triste, establece límites para darte un descanso del tormento.

Dado a que cada ruptura es diferente, deberás evaluar cuándo es el mejor momento para que empieces a tomar estos pasos. Dependiendo de la intensidad de tu pérdida, puede ser difícil pensar en algo como esto al principio, pero sigue leyendo y te ayudará a plantar una semilla para cuando estés listo/a para actuar.

Los días inmediatamente posteriores a la ruptura pueden ser igualmente traumáticos. Reconociendo que el final de una relación es un verdadero golpe, podrías necesitar evaluar el daño.

Al recordar las etapas del duelo, también puedes estar en estado de shock, especialmente si la ruptura fue repentina. Es posible que no puedas funcionar normalmente durante un tiempo hasta que puedas pensar con claridad.

Después de tu ruptura, obviamente tendrás más tiempo para ti (hay algunos aspectos positivos en esto y algunos otros que pueden ser más desafiantes). Por el lado positivo, hay una gran oportunidad para que pases más tiempo contigo y para ti.

· · ·

¡Agradécelo! ¡Hasta cierto punto, estar solo/a puede traer un poco de alivio!

Cuentas con más tiempo para nutrirte de cosas positivas, ya no tienes que preocuparte o considerar los pensamientos o deseos de otra persona al momento de planear tu día.

Con el final de una relación, quedan muchas cosas en las que tienes que pensar, decisiones que tomar, sentimientos que procesar y cuentas con todo el tiempo que necesites para eso.

Por otro lado, es probable que experimentes algo de soledad. Aquí también hay dos desafíos que valen la pena explorar. Primero, la tendencia a aislarse (más allá de lo saludable), y segundo, la incapacidad de sentirte cómodo/a estando solo/a.

Mucha gente se aísla, especialmente los primeros días después de la ruptura. Es posible que desees evitar la compañía porque te sientes triste o avergonzado/a por el fin de la relación.

También es posible que desees evitar la presión para hablar de ello, sentir que no eres una buena compañía, o evitar cargar a otros con tus problemas. El desafío surge cuando tu aislamiento se vuelve excesivo. Es muy importante equilibrar tu tiempo a solas y tu tiempo con otras personas.

El segundo problema es para las personas que tienen dificultad para estar solas. Algunas personas piensan que no pueden estar solas y deben tener una pareja para ser felices, así que pueden ocupar su tiempo con otras personas, apresurarse para comenzar su próxima relación y hacer todo lo que esté a su alcance para no estar solos.

Esta abrumadora sensación de "necesitar" estar con alguien podría resultar en una mala elección de pareja o una dependencia excesiva de ella (esto incluso puede haber sido un factor que contribuyó a la ruptura).

Tomando en cuenta que te encuentras solo/a, encontrar maneras de ser feliz por ti mismo/a te ayudará a sacar lo mejor de la situación. También te puede ayudar a conocerte mejor y apreciar tu propia compañía nuevamente. ¿Apoco no tiene sentido que, si quieres encontrar pareja, se volverá más fácil si eres una persona con estabilidad emocional y te sientes cómodo/a soltero/a?

Esto puede ser una parte importante de tu trabajo en el proceso de sanación; encuentra la felicidad otra vez estando sólo contigo. Has sido feliz antes, y puedes volver a serlo. Aquí hay algunas consideraciones que pueden ayudar:

. . .

Pre-relación o entre relaciones

Es posible que tengas que mirar hacia atrás pero también es posible que puedas recordar haber sido feliz en algún punto de tu vida cuando estabas solo/a. Piensa un poco en el tipo de cosas que hacías para divertirte, con quién pasabas el tiempo y qué tipo de cosas te hacían feliz.

Durante la relación

¿Tu pareja y tú estaban juntos todo el tiempo? Tal vez al principio, pero con el tiempo, probablemente pasabas parte de tu tiempo haciendo cosas diferentes. Ambos tenían amigos, pasatiempos, actividades que hacían juntos y algunas que hacían separados.

Si alguno de los dos tenía que viajar y estaban separados por unos días o semanas, no era la gran cosa, sabías como hacerte feliz.

No te sentías miserable porque esa persona no estaba, entonces hay evidencia de que puedes ser feliz estando solo/a. Es importante que seas totalmente dueño/a de tu felicidad, con o sin pareja.

Amor propio

. . .

¿Te amas a ti mismo/a? Esta puede parecer una pregunta chistosa o un concepto extraño, pero, es una idea que vale la pena entender mejor. ¿Qué significa amarte a ti mismo/a?

¿Aprecias quién eres y todo lo que tienes para ofrecer, o a veces reflexionas sobre las cosas que no te gustan de ti mismo/a? ¿Te tratás de la misma manera en la que tratarías a una persona que amas?

Amor propio después de la ruptura

Puede que se te dé muy bien quererte y cuidarte, por lo que podrías usar esta ruptura como oportunidad para enamorarte más profundamente de ti. Cabe resaltar que muchas personas no son muy buenas consigo mismas y con su amor: algunas de las razones típicas que se podrían encontrar para carecer de valor propio podrían incluir la falta de estabilidad financiera, inestabilidad emocional, adicciones, etc.

Si hay cosas que no te gustan sobre ti, es posible que vivas día a día con un sentimiento de rechazo invisible por ti mismo/a.

Esta forma de auto rechazo puede ser muy dañina. Realmente, este problema puede haber contribuido a la ruptura.

· · ·

Ya sea que hayas luchado o no con la falta de amor propio, después de una ruptura ahora tienes una nueva oportunidad para enfrentarlo. Después de todo, el final de una relación es (por así decirlo) un fracaso (sin importar de quién sea la culpa).

Quieres buscar la causa para evitar que suceda de nuevo, por lo que te esfuerzas en comprender qué sucedió. La ruptura brinda una gran oportunidad para una autoevaluación personal, pero a menudo va acompañada de una dura autocrítica.

En el proceso de reflexión, es fácil ser duro/a contigo mismo/a, ser autocrítico/a y culpar a tus defectos por tu soledad.

Contrasta ese escenario con una respuesta compasiva y comprensiva a la ruptura. Una en la que seas capaz de equilibrar las cosas maravillosas sobre ti con cualquiera de tus problemas; a través de una lente más empática, puedes ver tus defectos sin ser tan autocrítico/a.

En este sentido, la ruptura puede ser en realidad un gran regalo, pues puedes aprovechar esta oportunidad para apreciarte, reconocerte o incluso enamorarte de una manera más profunda de ti mismo/a.

· · ·

Hay tres aspectos que componen al amor propio: 1) apreciar tu valor, 2) ver por tu cuidado y 3) aceptarte a ti mismo/a.

Apreciación

Apreciar tu valor significa reconocer lo que vales sin ninguna prueba o evidencia de logro o éxito. Es incondicional. Amarte a ti mismo/a significa valorarte y apreciarte exactamente como eres, por lo que eres. No necesitas nada para ganártelo. No se detiene ni disminuye cuando cometes un error o notas una imperfección.

Enamórate de ti mismo/a: ¿Qué es lo que te gusta o aprecias de ti? ¿Cuáles son las cosas que tu pareja amaba de ti? ¿Qué les gusta de ti a tus amigos, tus familiares y compañeros de trabajo? Para la mayoría de las personas es muy difícil hacer esta lista, sólo pueden hacer una lista corta de las características que les gustan, resulta más fácil hacer una lista larga de cosas que no les gustan de ellos.

Ponte a prueba para hacer esto. Si la lista es corta ahora, regresa más tarde y añade más cosas. Tal vez tengas la oportunidad de conocerte de manera diferente, verte por primera vez con ojos nuevos. Eres tan especial, único/a y tienes demasiado que ofrecer.

Ahora considera la forma en la que nos enamoramos de nuestros bebés recién nacidos (o un nuevo cachorro si eso es más relevante para ti). Dependen completamente de nosotros para atender todas sus necesidades y no ofrecen nada a cambio—y, aun así, son adorados. Los amamos simplemente por ser quienes son, no por lo que hacen por nosotros.

De hecho, en realidad son bastante problemáticos, entre las comidas nocturnas, el llanto y los cambios de pañales, pero los amamos y aceptamos completamente. Nuestros corazones se llenan de asombro y temor cuando los vemos caer, aprender y crecer; no menospreciamos, criticamos o ignoramos sus necesidades. Estos ejemplos de cómo amamos a los demás proporcionan una guía de cómo podemos amarnos y apreciarnos mejor a nosotros mismos.

Autoaceptación

La mayoría de las personas tienen criterio interno despiadado y cruel, una voz en la cabeza que hace juicios duros sobre los errores, la personalidad y los defectos físicos. La autoaceptación incluye callar al crítico interior y tratarte a ti mismo/a con comprensión y compasión.

Podrías llegar a creer que ser duro/a contigo mismo/a te hace más fuerte, trabajar más duro o te lleva a hacer las cosas a la perfección. Puedes sentir que la crítica está justificada; todos tenemos defectos después de todo: ¿no está bien ser consciente de tus defectos y tratar de ser mejor?

· · ·

Por supuesto, entender que no eres perfecto/a y que tienes oportunidades para mejorar puede ser saludable; sin embargo, no hay ningún beneficio en criticar o menospreciar tu persona… de hecho es contraproducente.

Además, las críticas destructivas conducen a emociones negativas. Estas emociones influyen en tus acciones. Es más probable que las emociones negativas conduzcan a la procrastinación, la evasión y el auto sabotaje que te impedirán alcanzar el éxito. Por lo tanto, castigarte a ti mismo/a, se convierte en una nueva barrera adicional para cualquier cambio que desees realizar. Irónicamente, crea resistencia.

Alternativamente, la autoaceptación crea una emoción positiva. Estos sentimientos permiten el cambio. Las emociones positivas te hacen sentir motivado/a, lleno/a de energía y creativo/a. Al cambiar las críticas que te hacías por apreciación, abres la puerta para permitir lograr los cambios que deseas hacer.

¡Los cambios son bastante difíciles de hacer sin acumular más obstáculos! Criticarse uno mismo no es una estrategia ganadora y en realidad te impedirá avanzar de manera saludable para lograr la relación que deseas.

· · ·

Sé consciente. Un buen lugar para comenzar es ser consciente de las formas en que puedes llegar a ser demasiado crítico/a contigo mismo/a.

Es posible que ni siquiera te des cuenta de los mensajes contraproducentes que nadan en tu cabeza, después de todo, has tenido esa voz en tu cabeza durante muchos, muchos años.

Es posible que debas comenzar este proceso deteniéndote para escuchar tu voz interior. Esto se llama metacognición de pensamiento. Necesitamos sintonizarnos con la voz y ser conscientes de lo que está diciendo para poder cambiarlo.

Decídete por el feroz amor propio. Toma la decisión de poner fin a cualquier juicio o crítica por lo que hayas dicho, hecho o no te guste de ti mismo/a. La auto-aceptación feroz requiere coraje para amarse a uno mismo sin límites y sin excepciones. En lugar de escuchar tu voz interior crítica, trata de responderle a tu crítico interior.

Cuando amas a alguien, te enfocas en lo que te gusta de ellos; a veces lo haces tan bien que sus defectos se vuelven invisibles. ¿Puedes aprender a amarte de la misma manera? ¿O puedes aceptarte como lo haces con tus hijos o mascotas, pasando por alto o perdonando los errores y los defectos físicos y emocionales? Reemplaza tus pensamientos críticos con pensamientos esperanzadores, enriquecedores y positivos.

Práctica ser más compasivo/a contigo. Podrías escribirte una carta compasiva a ti mismo/a o llevar un diario de autocompasión para enfocarte en cambiar de un diálogo interno duro y crítico a pensamientos más amables y gentiles.

Trátate como a un amigo. Háblate con tanta delicadeza como hablarías con un amigo querido. Si escucharas a un amigo hablarse a sí mismo con tanta dureza o con tanta autocrítica, probablemente dirías: "Odio escucharte hablarte a ti mismo de esa manera". Establece la regla de que no te dirás nada a ti mismo que no le dirías a un amigo o a un ser querido.

También, elige ser paciente contigo. Esto significa no querer apresurar el proceso de curación. Puedes practicar la paciencia tomando la decisión de ser amable y perdonarte a ti mismo/a, ofrecerte palabras y pensamientos cariñosos, date tiempo extra y mucho descanso. Reduce tus expectativas de cuándo debes sanar o comenzar a tener citas nuevamente. De hecho, trata de eliminar cualquiera de los "debería" que te impones a ti y a tu proceso de recuperación.

· · ·

Autocuidado

El autocuidado es la forma en que demuestras tu amor por ti mismo/a. Puede significar priorizar el tiempo para ti, decir no a las obligaciones que no te hacen sentir bien, no permitir que otros hablen o actúen irrespetuosamente hacia ti o atender tus necesidades antes que las necesidades de otras personas.

En el caso de niños pequeños u otras personas que dependen de ti, muchas veces sus necesidades deben ser lo primero. Sin embargo, no significa negar tus necesidades y siempre priorizar las de ellos sobre las tuyas; en cambio, reconoce que tienes necesidades y satisfácelas lo antes posible.

Valorarte y cuidarte proporciona un buen modelo a seguir para tus hijos y puede ayudar a romper una norma generacional en tu familia. Muchas personas han pasado años cuidando a los demás y no han aprendido ni se han tomado el tiempo de cuidarse a sí mismos. Antes de continuar, cabe resaltar que hay una gran diferencia entre el autocuidado y el egoísmo.

La palabra egoísta tiene una connotación negativa, lo que sugiere que una persona que antepone sus propias necesidades es mala o indiferente. Pero, si todos somos seres humanos valiosos y dignos, ¿no es necesario cuidarnos también? Esto no quiere decir que cuidar a los demás no sea importante, de hecho, estar al servicio y retribuir a los demás puede ser satis-factorio, gratificante y mejorar tus niveles de salud y felicidad.

Sin embargo, si cuidar de los demás está desequilibrado con cuidarte a ti mismo/a, es realmente difícil amar auténtica-mente a otros porque estás agotado. Las personas que cons-tantemente anteponen las necesidades de los demás a las propias pueden estar exhibiendo codependencia.

Cuando te amas y te cuidas a ti mismo/a, eres más apto/a para amar a los demás. Entiendes más sobre lo que significa el amor, tus propias necesidades son satisfechas y tienes la capacidad y la habilidad para dar a los demás.

De igual manera, cuando estás en una relación, puedes concentrarte de más en cualquier defecto físico percibido.

Muchas personas recurren a la cirugía plástica o a dietas rigurosas para volverse más atractivas y adorables. Sin embargo, la investigación ha demostrado que la pérdida de peso extrema o la cirugía plástica no mejoran la felicidad.

Un estudio siguió a un grupo de adultos con sobrepeso durante un periodo de cuatro años. Parte del grupo aumentó de peso, algunos mantuvieron su peso y el tercer grupo, perdió peso.

. . .

Los investigadores que compararon estos grupos encontraron que el grupo que perdió peso tenía significativamente más síntomas depresivos y puntajes de bienestar más bajos que cualquiera de los otros grupos.

Este estudio apunta a la idea de que, aunque alguien pueda realizar estas acciones para volverse más atractivo/a, no siempre resulta en ellos sintiéndose más amados. Esto no quiere decir que no deberíamos operarnos o perder peso, pero si lo hacemos sin aprender a amarnos a nosotros mismos de diferentes modos, es probable que no nos haga felices. Tomar esta ruta probablemente solo posponga el trabajo inevitable pero necesario de aprender a amarse más a uno mismo.

Un paso importante aquí es hacer una lista de las formas en las que te gusta ser amado/a, por ejemplo, podría incluir recibir flores, disfrutar de tiempo de relajación juntos, compartir una puesta de sol o caminar por la playa, etc. La lista es tan individual como cada persona. Eres experto/a en lo que quieres y en cómo quieres ser amado/a, así que dedica un tiempo a pensarlo.

Es importante redescubrir lo que te gusta. Si no sabes lo que te gusta y esto es un concepto nuevo para ti es un buen momento para explorar. Los siguientes párrafos te darán un lugar por dónde comenzar.

. . .

¿Qué te hace sentir amado/a? ¿Qué hizo tu ex que te hizo sentir amada o amado? Si bien contestar a las preguntas puede parecer doloroso inicialmente, valdrá la pena el esfuerzo de pensar en ello.

Como nota extra, cuando consideres lo que te hace sentir amado/a, podrías notar que, en realidad, existe la posibilidad de que tu ex no te haya amado en todas las formas que tu querías. Después de todo, nadie es perfecto. Usa esta información para encontrar maneras de darte cuenta de lo que quieres y necesitas.

Mientras haces tu lista, piensa en otras formas en las que te gustaría ser amado/a. Los cinco lenguajes del amor podrían ser útiles para identificar algunas de esas categorías; estos incluyen palabras de afirmación, tiempo de calidad, recibir regalos, actos de servicio y contacto físico.

El punto es que sepas lo que te gusta y lo que te hace sentir querido/a y apreciado/a. Probablemente puedas ver para dónde va esto: ¿qué pasaría si hicieras las cosas que amas por ti mismo/a? Nuestro objetivo aquí es sustituir el amor que recibiste de tu ex con una nueva forma de amarte. ¿Qué pasaría si te tratarás a ti de la misma manera que te gustaría ser tratado/a por un nuevo interés amoroso?

Otros beneficios es que cuando nos tratamos bien,

demostramos nuestro valor a las demás en nuestra vida y modelamos cómo nos gustaría ser tratados.

¿Puedes tener citas contigo mismo/a, vestirte como lo harías para una cita, hacer las cosas que disfrutarías con una cita, pero solo/a? Por ejemplo, podrías ir a un club de comedia para reír, sentarte bajo un árbol en el parque, etc. Cuando haces esto, te das cuenta de que no necesitas estar acompañado de una persona para disfrutar la experiencia. Puedes disfrutar de tu propia compañía.

Existe una alerta con respecto al amor propio, relacionada con las elecciones que haces sobre cómo cuidarte a ti mismo/a. Evita las opciones de cuidado personal que sabotean tu salud en general; algunos ejemplos incluyen salir de compras (cuando no puedes pagarlo), o beber en exceso (debido a la resaca o a un comportamiento del que puedes arrepentirte después).

La clave es evitar situaciones que luego generen sentimientos negativos. Puedes elegir éstas para evitar el dolor de la ruptura, pero este tipo de acciones pueden acumularse creando nuevos problemas.

Victorias

·   ·   ·

Es posible que no sientas que estás ganando en el juego de las relaciones en este momento, pero la verdad es que es sólo un contratiempo temporal.

Si bien la relación fue una gran parte de tu vida, no lo es toda; así que mantén una mentalidad ganadora sobre las otras partes de tu vida que están funcionando y ten confianza en tu felicidad futura.

Mientras tanto, dirige tu atención a las muchas otras formas en las que estás ganando en tu vida. Date un impulso encontrando algo más que puedas hacer en otra área de tu vida para sentirte como un/a ganador/a (por ejemplo, completa una clase en línea, aprende a tocar una canción en algún instrumento). Crea motivos para celebrar y sentirte bien contigo mismo/a: ¿qué te haría sentir orgulloso/a, exitoso/a y como si fueras un/a ganador/a?

Además de encontrar algo que te haga sentir como campeón/a, el perdón es otro componente clave para volver a encarrilar tu vida. Es importante perdonarte a ti y a tu ex. Es posible que hayas hecho o dicho algo que lastimó a tu ex, o es posible que no hayas podido darle algo que necesitaba. Posiblemente antes no hayas pensado que necesitabas perdonarte a ti mismo/a, pero puede ser muy útil.

Claro, es posible que no te guste la idea de perdonar a tu ex; después de todo, te lastimó y podrías creer que no merecen ser perdonados; pero la clave es perdonar por las razones correctas. El perdón es una forma de liberar las emociones negativas que están atrapadas debido al trauma de la ruptura.

Puede que no veas ni sientas esta energía bloqueada, pero está ahí y te está saboteando: perdonar a tu ex te puede brindar el cierre que necesitas para procesar el final de tu relación.

Quizás tu ex te lastimó o hizo cosas que dañaron la relación, pero aún te preocupas por esa persona y no quieres que se sienta triste, arrepentida o culpable: esa es una buena razón para perdonar, pero ya no es tu trabajo preocuparte por él o ella.

¿Tal vez hay algo dentro de ti que quiere usar esta conversación sobre el perdón para reavivar la relación? Si este es el caso, sé brutalmente honesto/a contigo mismo/a sobre tu intención y cuál quieres que sea el resultado.

Perdonar a tu ex no requiere una carta o una conversación personal con ellos. No es necesario que les digas esas palabras.

En muchos casos, será más dañino que útil comunicar tu perdón a tu ex y podría resultar contraproducente de varias maneras.

Por ejemplo, es posible que tu ex no sienta que hizo algo malo o que no necesita ser perdonado. Esto podría ponerle a la defensiva y tus buenas intenciones de perdonar sólo terminarían en otra discusión. O puede ser también que sean ultrasensibles a lo que dices y cómo lo dices, por lo que tus palabras y su significado podrían malinterpretarse fácilmente, creando más angustia para ambos.

Es probable que ésta sea una conversación muy delicada y si reaccionan de manera inapropiada, podría alejarte del terreno que has ganado en tu proceso de sanación. Una alternativa que te permite conseguir una sensación de sanación, pero evita cualquier problema potencial por comunicarte con tu ex es escribir una carta de perdón que no envíes.

El verdadero perdón puede llevar tiempo. Es posible que sepas intelectualmente que deseas perdonar al mismo tiempo que no te sientas listo/a. También es posible que debas perdonar varias veces ya que después de perdonar puedes sentir enojo o resentimiento nuevamente, y esto estará bien, de nuevo, necesitas aceptarte a ti mismo.

Resumiendo

- Hay muchas cosas que puedes hacer para pasar del modo supervivencia al de prosperidad. Estas prácticas pueden ayudar a aliviar parte del dolor, sacar lo mejor de la situación y poner en marcha el proceso de curación cuando estés listo/a.
- Lo más importante para conseguir el amor propio es:
- Apreciar quién eres, aceptándote ferozmente con cualquier defecto o error y practicar el autocuidado.
- Ser muy crítico/a con tus imperfecciones y errores hace mucho más mal qué bien y se interpone en el camino de cualquier cambio que desees realizar. Para acelerar tu recuperación sé amable, compasivo/a y paciente contigo mismo/a.
- Enamorarte de ti, recordando lo mejor de tu persona. Haz las cosas que te gusta hacer, ve a donde te gusta ir, hazte feliz.
- Varios de los otros consejos clave incluyen:
- Aceptar estar solo/a, con el objetivo de encontrar la felicidad contigo mismo/a como una persona soltera. Si tienes problemas para hacer esto, recuerda los momentos antes y durante la relación en los que encontraste la felicidad a solas.
- Para contrarrestar los sentimientos de pérdida, encuentra nuevas formas de volver a ganar.
- Perdónate a ti mismo/a y a tu ex. Perdonar a tu ex te beneficia… hazlo por ti.

- La mejor parte es que no tienes que sentirte miserable o pasar meses o incluso años afligido/a por la relación. Estas prácticas pueden ayudarte a prosperar desde este momento.

7

Personas de ayuda

CONECTARTE con otras personas ayuda a salir de tu dolor y autocompasión, ayuda a satisfacer tu necesidad de amor y pertenencia en diferentes formas y con diferentes personas, pone tu vida en perspectiva para entender que todos tienen dificultades y desafíos en sus vidas. Puedes ver que no estás solo/a al experimentar los desafíos de la vida humana.

Otro beneficio de conectar es obtener cierta diversidad de pensamiento.

Como fue mencionado con anterioridad, nuestras emociones secuestran nuestra capacidad de pensamiento racional. Convivir con diferentes personas y diferentes formas de pensar puede ayudar a combatir algunos de los sesgos de pensamiento irracional que ocurren después de una ruptura y, a veces, ayudarnos a tomar mejores decisiones.

· · ·

Una medida de prevención sería asegurarte de que estas perspectivas provengan de personas seguras y confiables. Esto se refiere a personas que han demostrado que pueden decirte la verdad incluso cuando no quieres escucharla.

Al final del día, cuando tu vida amorosa no es muy gratificante, aún queda algo de lo que estar orgulloso/a si conectaste con una o dos personas de manera significativa. Y existen muchas oportunidades para conectarse con otras personas: salir con amigos después del trabajo, caminar con un vecino, una llamada telefónica con tus padres mientras manejas hacia el trabajo…

Estos sólo son ejemplos que rascan la superficie de las posibilidades. Tener una combinación de estas necesidades satisfechas en diferentes relaciones con diferentes personas puede acelerar tu proceso de sanación.

No te preocupes si ahora mismo no tienes una red lo suficientemente grande; abordaremos eso después. Y no te desanimes si es el caso.

Prometete a ti mismo/a que mantendrás mejor tus amistades en tu próxima relación, pero por ahora, también tienes la oportunidad de renovar algunas relaciones pasadas.

· · ·

Extiende tus horizontes

Después del final de la relación, por mucho que no te guste admitirlo, es probable que te sientas solo/a y sí, necesitado. La dependencia excesiva de una persona o incluso de unas pocas no es un enfoque saludable por varias razones.

Primero, recuerda que puedes ser particularmente necesitado/a, incluso tus amigos y familiares más cercanos pueden cansarse de escuchar acerca de tus problemas. Si ellos no pueden estar ahí para ti de la manera que quieres, puede incluso reforzar la decepción y/o el sentimiento de rechazo que tienes.

Reforzar la decepción o el rechazo con estas personas podría dejarte en un lugar muy malo y prepararte para crear fuertes creencias negativas acerca de confiar en los demás. Además, sobrecargar a un amigo o a un pequeño grupo de amigos simplemente no es justo, no estás cuidando tu relación con ellos.

Intenta confiar en estas personas para que te ayuden sólo con las necesidades más importantes y permite que otras personas estén allí para ti con necesidades menos íntimas y críticas.

· · ·

Dado a que tendrás tantas necesidades, necesitarás una amplia red de amigos y compañeros, así que echemos un vistazo a quién y cómo puedes conectarte.

Comienza por hacer una lista de tus amigos, familiares, vecinos, conocidos, colegas, etc.

Esto podría incluir personas a quienes no has visto o con las que no has hablado en mucho tiempo. ¿Con quién has tenido la intención de conectarte, pero no has tenido tiempo?

¿Con quién te gustaría ponerte al día?

También debes tener en cuenta a los colegas profesionales y conocidos del trabajo.

Otras consideraciones

Después de una ruptura, estás en un lugar negativo; has experimentado una pérdida y hay mucha tristeza y duelo. En la medida de lo posible, intenta inclinar la balanza de la negatividad en otra dirección, rodeándote de personas sanas y felices.

· · ·

Establece las expectativas correctas, no te mentalices para la decepción. Ten en mente que muchas de las personas con las que te vas a comunicar dirán que no o no estarán disponibles.

No interpretes esto como un rechazo; espéralo como algo normal.

No es personal; simplemente están ocupados—recuerda que tú solías estar de la misma manera. Entonces, déjalo ir fácilmente.

Al menos hiciste un esfuerzo, cumpliste con un compromiso que te hiciste y ellos pueden hacer un seguimiento más adelante si lo desean.

El aislamiento es un gran obstáculo; conectar con otros requiere esfuerzo y, después de la ruptura, las personas tienen la tendencia natural de retraerse y aislarse. Puede haber múltiples razones: tristeza, vergüenza, no tener gente con quién hacer las cosas, incomodidad de hacerlas solo, necesidad de tomarse un tiempo para averiguar qué pasó, etc. Además, la confusión emocional que viene de la ruptura, nos drenamos de energía física.

· · ·

Es posible que hayas perdido el contacto con algunos amigos en el transcurso de tu relación, por eso, puede parecer incómodo contactar a esas personas después de que haya pasado una cantidad significativa de tiempo.

Podrías sentirte avergonzado/a porque tienes miedo a que piensen que solo llamas porque rompiste y ahora te sientes solo/a. La principal preocupación aquí es asegurarte de que estás realmente interesado/a en volver a verles, y si todo sale bien y ambas partes están interesadas, renovar la relación. Las cosas cambian y la gente cambia. Está bien probar.

Cómo conectar

Además de simplemente decirte que lo hagas, aquí hay un par de ideas de cómo abordar estas conexiones.

Primero, tienes que prepararte y tener la actitud correcta. Vuélvete curioso/a y emociónate al pensar en conectar con la gente—es parte de la curación. Hay algo que aprender de todos.

Lo que necesitas es ayudar a tu corazón a sanar, la forma de hacerlo es conectarte con personas seguras y comenzar a abrirles tu corazón. Adoptar esta mentalidad te cambiará con el tiempo. Tu pensamiento altruista, de hecho, regresará hacia ti y acelera tu preparación para las relaciones románticas y el amor.

1. Al hacer contacto, mantenlo casual. Puedes decir: "últimamente estaba pensando en ti y me preguntaba si querrías salir" o "ha pasado un tiempo desde que hablamos; me encantaría verte si estás interesado/a en reunirnos."

2. Ofrece varias opciones durante las próximas semanas para comenzar la negociación de encontrar un día o una hora (a menudo, esta es la parte más desafiante), termina con una cláusula de "no culpabilidad". Por ejemplo "No te preocupes si esto no funciona para ti o si es un mal momento, sólo quería que supieras que estaba pensando en ti".

3. Deja que las personas se liberen fácilmente si les surge algo. En caso de duda, denomina la reunión como tentativa: "fijemos un tiempo tentativo para reunirnos y hablemos para confirmar ese día".

Hablando de la ruptura

Cuando te reúnes con otros, recuerda centrar la conversación en ellos. Comienza la visita diciéndoles que quieres saber qué está pasando en su vida, escucha bien y haz preguntas que demuestren tu genuino interés. Si te preguntan lo mismo, cuéntales sobre otras cosas que también están sucediendo en tu vida. Recuerda: ¡hay más en tu vida que la ruptura!

· · ·

Es probable que la gente te pregunte sobre tu relación. Prepárate con anticipación y piensa en varias respuestas que se sientan seguras, de modo que estés listo/a si decides compartirlo por si ellos hacen alguna pregunta. Si bien puedes estar increíblemente emocional durante mucho tiempo, es posible que haya varias cosas que podrías decir sin llorar.

Por ejemplo, podrías decir "mi relación de 2 años terminó recientemente y, sí, ha sido difícil durante las vacaciones, pero estoy enfocado/a en cuidarme y aprender lo que pueda de la experiencia." Si presionan para obtener detalles, puedes decir "si no te molesta, me estoy tomando un momento para no pensar en eso, así que preferiría no hablarlo ahora." Esto te permite ser genuino/a y honesto/a, pero no revelar más información de la que quieras hablar.

Resumiendo

- Conectar con otras personas puede ser una de las partes más satisfactorias y felices de nuestras vidas. Afortunadamente, también es una de las mejores maneras de recuperarte de una relación rota.
- Tenemos una necesidad psicológica de amor y pertenencia (que hacen falta cuando termina una relación), por lo que conectar con las personas es un gran salvavidas para satisfacer esa necesidad.

- El aislamiento después de una ruptura es común, por lo que deberás hacer un esfuerzo adicional para conectar con las personas. Haz un compromiso y un plan para hacerlo suceder.
- Si es necesario, puedes ampliar tu red de conexiones, reconectar con viejos amigos o hacer nuevos. El voluntariado resulta ser una excelente manera de satisfacer tu necesidad de conectar con la gente, poner tus problemas en perspectiva y darle más sentido a tu vida.

8

Pensamientos útiles

DESPUÉS DE LA RUPTURA, es muy apropiado dedicar tiempo a evaluar tu relación y el por qué terminó. Deseas comprender qué funcionó para poder repetirlo en tu próxima relación y qué no funcionó para poder cambiarlo. Ten en cuenta que demasiado enfoque en tu cabeza (pensamientos) sin ocuparte de tu corazón y tus emociones puede resultar en emociones dañinas y negativas atrapadas.

Es importante tener una mentalidad de aprendizaje compasivo cuando cruzas este proceso. Una persona con una mentalidad de aprendizaje otorga un gran valor a lo aprendido y se enfoca en la mejora continua. Si te consumen las emociones negativas, sería mejor esperar hasta que estés menos "afectado/a" por las mismas.

· · ·

Resulta fácil estar a la defensiva y culpar a tu ex; sin embargo, ambos juegan un papel en la relación y en la ruptura.

Si no eres capaz de ver honestamente tu responsabilidad en el final de la relación, te perderás una gran oportunidad de aprender. Y si este es el caso, es muy probable que repitas el patrón en un futuro.

Alternativamente, no es útil ser demasiado crítico/a con tus errores o cualquier defecto de carácter. Es posible que te encuentres concentrado/a en repasar los detalles de quién dijo o quién hizo qué. Esto solo es útil hasta cierto punto; el análisis excesivo no es útil.

Mira sin miedo la dinámica de la relación; la verdad detrás del final de la relación puede no ser tan obvia como parece. Por ejemplo, ¿estás pensando que la relación terminó debido a una pelea tormentosa en lugar de un patrón de inmadurez emocional, o estás idealizando ingenuamente la relación e ignorando los problemas?

Es posible que te encuentres concentrado/a en repasar los detalles de quién dijo o quién hizo qué. Esto solo es útil hasta cierto punto; el análisis excesivo no es útil. Además, las palabras específicas que se usan en una pelea pueden no ser tan importantes como los problemas subyacentes. Podría ser mejor alejarse para ver el panorama general y obtener una nueva perspectiva.

Si tu ex estuvo en tu vida durante mucho tiempo, puede ser difícil dejar de pensar en él o ella con regularidad.

Pasaron mucho tiempo juntos y fue una gran parte de tu vida; sin embargo, en algún momento será mejor que minimices los pensamientos sobre tu ex y sigas adelante.

Hagamos una línea de separación entre los pensamientos que inicias y los que no. Cuando estás evaluando la relación, estás tomando una decisión consciente de pensar en tu ex, tienes el control de tus pensamientos y cuánto tiempo pasas pensando en ellos.

Los pensamientos que inicias como parte de un análisis honesto de la relación tienen sentido. Dado a que tienes el control de estos pensamientos, puedes iniciarlos y detenerlos según corresponda para procesar de manera sana la relación.

A veces, los pensamientos son provocados por una canción, un lugar, algo que lees o un recuerdo. En estos casos, hay una asociación con algo en el entorno que desencadena el pensamiento. Estos pensamientos son automáticos y difíciles de controlar porque un estímulo externo está impulsando la activación.

Si deseas seguir adelante y minimizar la activación de estos pensamientos y las emociones correspondientes, puedes evitar los lugares a los que fueron juntos o dejar de escuchar las canciones que te recuerden a ellos. Esto puede no ser posible en todos los casos, pero podría ser útil a corto plazo. Las asociaciones con lugares, personas y cosas se debilitarán con el tiempo por sí solas, ya que tu ex no está allí para seguir reforzándolas.

La última categoría de pensamientos es probablemente la más problemática e importante a considerar. A veces, los pensamientos sobre tu ex o la relación pueden ocurrir aparentemente sin ningún desencadenante (o al menos sin ningún desencadenante que conozcas).

Estos pensamientos parecen surgir al azar de la nada. Los pensamientos pueden ser sobre cualquier cosa: algo que dijeron o hicieron que extrañas, un recuerdo de un buen momento juntos, repetir una discusión o planes que hicieron juntos sobre el futuro que ahora no sucederá.

El resultado de un bombardeo continuo de pensamientos puede crear una sensación prolongada de tristeza y dolor, una y otra vez. Además, la repetición del pensamiento puede llevarte a sacar una conclusión falsa de que todavía estás enamorado/a o que no puedes vivir sin ellos. Sin embargo, eso no es necesariamente lo que significa la corriente de pensamientos regulares; puede que simplemente signifique que tu cerebro ha establecido un patrón o hábito de pensar que es automático. Hay un rastro de memoria que se repite en tu cerebro.

La buena noticia es que los neurocientíficos nos dicen que en realidad podemos cambiar esta programación en nuestros cerebros. Estos patrones se pueden revertir o sobrescribir siendo más intencionales y reemplazando los pensamientos negativos con patrones de pensamiento más positivos.

Una discusión más profunda de la neurociencia detrás de este proceso está más allá del alcance de este libro, pero si deseas obtener más información, consulta los Recursos al final del libro. Además, si éste es un gran problema para ti, la última parte del libro profundiza mucho más sobre cómo cambiar tus pensamientos para el futuro que podrían ser útiles ahora.

Nuestra oportunidad aquí es examinar nuestros pensamientos y volver a entrenar nuestras mentes para que sean más selectivas con respecto a los pensamientos que recordemos. Reconoce que está bajo tu control elegir cuánto tiempo dura esto (incluso si los pensamientos parecen ser hábitos y siguen apareciendo en tu cabeza al azar).

· · ·

¿Has notado tus pensamientos relacionados con la ruptura últimamente? ¿De qué tratan (temas/contenidos)? ¿Cuál es la frecuencia, la intensidad? ¿Cuándo aparecen? ¿Qué los desencadena? ¿Cómo te sientes cuando piensas en tu ex o en la ruptura? ¿Hay pensamientos que te gustaría cambiar?

Haz un experimento y sigue tus pensamientos a lo largo del día durante varios días. Sí eso parece demasiado difícil, inténtalo durante 30 minutos, una hora o varias horas. Este ejercicio ayuda mucho a descubrir tus patrones de pensamiento ya que sin saber cuáles son, no puedes comenzar a tomar medidas para cambiarlos.

Resumiendo

- Es importante dedicar tiempo a pensar en la relación, lo que funcionó y lo que no, de la manera más objetiva y compasiva posible. Es importante tener una mentalidad de aprendizaje en lugar de una mentalidad de culpa cuando haces este trabajo.
- Existe la oportunidad de echar un vistazo honesto a la dinámica de la relación, incluido el papel de cada persona en la ruptura. En la mayoría de los casos ambas partes tienen cierto nivel de responsabilidad. Se necesita mucho coraje para reconocer tu responsabilidad por la ruptura, pero también inicia el proceso de curación.

- Los pensamientos influyen en las emociones. Si deseas reducir parte de tu tristeza y ansiedad, trabaja para enfocar tus pensamientos de manera más productiva y evitar el trastorno de estrés postraumático (TEPT) en las relaciones. Por ejemplo, centrar tu pensamiento en la esperanza para el futuro, el amor propio y ganar te llevará a una vida mejor que lamentarte de tu dolor, errores o enojos con tu ex.
- Al igual que los comportamientos, los pensamientos también pueden ser habituales. Sé intencional al romper los hábitos de pensamiento negativos y crea los hábitos de pensamiento positivos correctos. Cuenta una historia diferente.
- Comprender y luego aprovechar el poder de tus pensamientos puede permitirte obtener la vida maravillosa que te mereces.

9

Haciendo cambios

EL FINAL de una relación puede ser un gran motivador para ayudarnos a hacer algunos cambios en nuestras vidas. Algunos ejemplos incluyen hacer cambios personales, emprender nuevos proyectos, hacer importantes cambios en tu vida, etc. Hay muchas cosas que hacemos cuando tenemos dolor para sentirnos mejor.

Definitivamente, hay algunos aspectos positivos en hacer cambios en tu vida, particularmente cuando has tenido la intención de hacerlos durante bastante tiempo. Si no has tenido el momento de hacer los cambios que deseas o no has comenzado tus planes por alguna razón, ahora puedes aprovechar tu situación para tomar acción.

El dolor de la ruptura (y el tiempo libre que ahora tienes) puede darte la motivación para seguir adelante. Otro beneficio es que necesitas un descanso de las emociones negativas.

Estas acciones pueden brindarte el alivio necesario del dolor y ofrecerte algo positivo en lo que centrarte.

Hacer un cambio puede ayudarte a sentir como un/a "ganador/a" nuevamente, especialmente si completas o logras algo con éxito. Esto es particularmente útil si te sientes inferior. A menudo, tomar un descanso del dolor nos permite alcanzar un nuevo nivel de percepción o claridad sobre una situación.

Sin embargo, hay un par de importantes "advertencias" con respecto a estos cambios. En algunos casos, estas actividades o cambios pueden distraerte de tu dolor, pero pueden causar más daño que bien. Por ejemplo, si lograr un cambio drástico te distrae de tu dolor en la medida de que ahora no sientes la necesidad de procesar tus emociones, ha resultado contraproducente.

Asegúrate de hacer el procesamiento de las emociones tu primera prioridad. Construye tiempo para permitirte sentir y procesar tu dolor a lo largo del curso de cualquier proyecto o cambio que emprendas, o tan pronto como sea posible.

. . .

Pregúntate ¿Cómo te sientes cuando piensas en el cambio? ¿Tu mentalidad es positiva, emocionada y feliz? Cuando tomas una decisión desde una perspectiva basada en el miedo, por lo general te sentirás restrictivo con respecto a tus opciones. Las decisiones tomadas con la mente clara se sienten más expansivas, con más entusiasmo por las oportunidades.

Hay otros tipos de comportamientos en los que las personas se involucran que son más claros de ver como dañinos (tanto a corto como a largo plazo). Muchos de estos comportamientos que distraen se sienten bien en el momento, pero pueden generar malos sentimientos después que simplemente se acumularán en tus sentimientos y mentalidad ya negativos.

Si estos comportamientos son dañinos, ¿por qué participaríamos en ellos? Lo hacemos porque sabemos que funcionan. Tenemos experiencia con estos comportamientos aliviando nuestro dolor temporalmente.

Permíteme hacer una distinción aquí entre tus sentimientos y tus acciones. Tus sentimientos de ira, resentimiento, odio o venganza son perfectamente válidos y justificados. Estos sentimientos no están mal e incluso pueden ser útiles para tu recuperación. La precaución aquí se trata de actuar sobre esas emociones en una forma de represalia que pueda hacerte más daño.

· · ·

Cuando las emociones negativas son dolorosas, las personas quieren alivio y pueden comer compulsivamente para sentirse mejor. La alimentación emocional es uno de los ejemplos más comunes de las formas en que tratamos de calmar nuestras emociones dolorosas cuando terminan las relaciones.

Hay razones científicas y psicológicas para el comportamiento dañino y el conocimiento de ellas puede ser útil. El comer emocional resulta en varias reacciones químicas en tu cuerpo. El cortisol, la dopamina y la serotonina son una trifecta de hormonas que se activan.

Cuando estamos estresados, el cortisol entra en acción e inunda el cuerpo. La dopamina, a menudo considerada la hormona del bienestar, es un neurotransmisor (sustancias químicas responsables de transmitir señales entre las células nerviosas del cerebro) que se activa cuando anticipas que sucederá algo bueno, como comer brownies. Finalmente, la hormona serotonina (también un neurotransmisor) ayuda a regular el estado de ánimo, el sueño, entre otras cosas.

Los carbohidratos pueden aumentar los niveles de serotonina, lo que puede mejorar tu estado de ánimo. Así que hay una justificación científica para nuestro deseo de consolarnos con alimentos. La alimentación emocional ha sido descrita como una forma de ocultar nuestros sentimientos, manteniéndolos encerrados dentro de nosotros en lugar de dejar que salgan para ser liberados. Calman el dolor para que pueda dejar de gritar cuánto duele.

Resumiendo

- Aprovechar el poder de motivación que a menudo proviene de la finalización de una relación puede ayudarte a realizar los cambios importantes que deseas realizar en tu vida. ¡Hay muchos beneficios de usar esta oportunidad para bien!
- Hacer un gran cambio o emprender un gran proyecto inmediatamente después de una ruptura puede brindarte un descanso de las emociones negativas y brindarte la oportunidad de sentirte como un/a ganador/a otra vez; sin embargo, también puede crear más caos para el que estás preparado/a, o del que eres capaz de manejar. Podría distraerte del importante trabajo de procesar tus emociones de una manera productiva.
- Los comportamientos de escape son grandes "advertencias" y, a menudo, conducen a consecuencias más dañinas.
- Las citas pueden ser un gran remedio para tus problemas, pero también pueden generar algunos desafíos adicionales. Asegúrate de que

estás saliendo por las razones correctas. Hazte estas preguntas: ¿Estás listo/a? ¿Has procesado tus emociones? ¿Sigues enamorado/a de tu ex? ¿Cómo te presentarías? ¿Cuál es tu tolerancia hacia el rechazo?

10

Abrazar las emociones

¿POR QUÉ ABRAZAR LAS EMOCIONES? *"¿Qué? Mi relación terminó; no puedo dejar de pensar en mi ex. Estoy triste, solo/a, heri-do/a, enojado/a y preocupado/a. No puedo pensar con claridad. Es difícil para mí pasar el día o tener esperanza sobre el futuro. ¿Y ahora quieres que abrace estos sentimientos? ¡Tienes que estar bromeando!"*

Las emociones negativas causan estragos en nosotros después de una ruptura, la mayoría de las personas tienen sentimientos subyacentes. Además de estos sentimientos ocultos, puede haber muchas cosas en tu entorno que te los recuerden, lo que hace que surjan más sentimientos. Cada uno de estos estímulos externos pueden desencadenar senti-mientos negativos y mantener las emociones frescas en tu mente.

. . .

La mayoría de la gente no quiere procesar sus emociones porque implica experimentar el dolor, pero hay varias y muy buenas razones para procesar las emociones negativas.

Primero, cuando comienzas a procesar tus emociones, puedes esperar un alivio inmediato. Procesar las emociones quita la "carga" de los pensamientos negativos y los sentimientos resultantes, así que, en cierto sentido, el procesamiento desactiva la ansiedad asociada con el pensamiento negativo y la emoción.

En segundo lugar, al procesar la emoción y, por lo tanto, reducir la ansiedad, podemos pensar con mayor claridad y racionalidad, por lo que también tomamos mejores decisiones sobre cómo avanzar en nuestra vida.

Las emociones no desaparecen; al final las tendrás que enfrentar, pero será más difícil por todo el tiempo que esperaste. Tus emociones negativas se almacenan en las células de tu cuerpo: la conexión mente-cuerpo; esto significa que permanecen contigo hasta que se liberan.

En algún momento, las emociones ignoradas/suprimidas asomarán sus feas cabezas para encontrar formas de llamar tu atención. Quieren una resolución. Cada vez que ocurre la reestimulación, la emoción se refuerza a través de las vías neuronales de nuestro cerebro y se vuelve más fuerte, lo que significa que estás destinado o destinada a experimentar emoción del pasado repetidamente a lo largo de tu vida.

Las emociones se pueden aquietar durante periodos de tiempo más largos y casi pueden parecer extintas (o controladas). No te dejes engañar.

¡Las emociones volverán! Puede parecer que están enterradas profundamente porque te has vuelto muy hábil para empujarlas hacia abajo, pero son como una tetera hirviendo. En algún momento, estallarán.

Estas emociones desatadas crean un gran estrés y tu cuerpo responde en un modo de lucha y huida, lo que limita tu pensamiento racional y tu capacidad para filtrar tus palabras y acciones. Es importante comprender que algunos de los sentimientos negativos en realidad pueden haberse almacenado basándose en experiencias negativas anteriores, mucho antes de que la relación terminara.

El final de la relación puede haber vuelto a desencadenar una emoción no resuelta de tu pasado. De hecho, algunos sentimientos inquietantes pueden haber comenzado hace mucho tiempo atrás cuando éramos niños y teníamos mecanismos de afrontamiento muy poco sofisticados. Si los sentimientos no fueron procesados cuando los experimentamos por primera vez, continúan persiguiéndonos cada vez que se reactivan.

El dolor emocional que no se controla puede atormentarnos de formas realmente dañinas (y a veces desconocidas) por el resto de nuestras vidas. No solo podemos perdernos las mejores partes de la vida, sino que el dolor puede desencadenarse una y otra vez causando todo tipo de estragos en los patrones repetitivos.

Como describí anteriormente, puedes reprimir los sentimientos ignorándolos, fingiendo que no existen, etc.

Pero descubrirás que el costo de este camino es demasiado alto. Además, no resuelve nada porque las emociones aún necesitan ser procesadas y solo están esperando la próxima vez que bajes la guardia, para salir y llamar tu atención.

Resumiendo

- El final de tu relación te brinda la oportunidad de comprender tus emociones y manejarlas de una manera nueva y más saludable.
- Una ruptura suele desencadenar pensamientos y emociones dolorosas. Los sesgos de negatividad y confirmación se activan y pueden mantenerte atrapado en un carrusel negativo.

- Procesar tus emociones alivia tu dolor, te trae más alegría y te ayuda a seguir adelante. Esto no sólo mejorará tu vida amorosa, sino que mejorará todos los aspectos de tu vida.
- Las emociones pueden calmarse temporalmente, pero nunca apagarse por completo; volverán, a menudo de manera intensa, destructiva o explosiva.
- Las investigaciones muestran que existe una conexión entre las emociones reprimidas y la mala salud. Si ignoras o evitas tus emociones, es probable que experimentes consecuencias negativas más graves en el futuro.
- Adormecer, alejar o posponer el manejo de las emociones dolorosas requiere más trabajo que procesarlas. Estas distracciones son, en última instancia, más dolorosas que simplemente hacer el trabajo de procesamiento en primer lugar. Es realmente una cuestión de pagar ahora o pagar después. Eventualmente pagarás, y muy a menudo los costos son más altos.
- Hay un gran valor en el procesamiento del dolor emocional, desactiva la ansiedad y la intensidad de las emociones y te permite avanzar libre de la ira, la tristeza, el miedo o el dolor. Cuando lo hagas, encontrarás una nueva forma de vivir plenamente.

11

Lidiar con emociones negativas

Las personas varían mucho en su conocimiento, comodidad y habilidad para manejar sus emociones. Si eres nuevo en el tema de las emociones, no tienes mucha información o te sientes incómodo a lidiar con tus emociones negativas/dolorosas, puede ser útil comenzar con algunos conceptos básicos.

Reconoce la naturaleza progresiva de las emociones

Muchas listas de palabras del vocabulario emocional las categorizan (por ejemplo, felicidad, ira, miedo, etc.) y después detallan una progresión basada en la intensidad del sentimiento. Por ejemplo, en la categoría de felicidad con fuerte intensidad, encontramos palabras como eufórico, vibrante, encantado o regocijado. En la misma categoría, pero con menor intensidad: contento, complacido, satisfecho.

. . .

Identifica tus sentimientos

Pregúntate cómo te sientes en este momento. Hay una curva de aprendizaje para nombrar tus sentimientos. Date unos minutos para identificar un sentimiento. Haz la pregunta con más frecuencia hasta que seas más consciente de qué es lo que sientes.

Identifica un componente físico (si es posible)

Hay una conexión entre nuestras mentes y nuestros cuerpos, puedes reconocer algunas pistas corporales sobre tus sentimientos o viceversa. Por ejemplo, puedes estar molesto por una discusión con un amigo y luego notar una sensación de presión en el pecho. Consulta con tu cuerpo para ver si puede darte algunas pistas sobre tus sentimientos.

Sé paciente

Es posible que tengas un poco de dificultad para ponerte en contacto con tus sentimientos. Muchas personas dicen "no siento nada". Esto podría significar que están experimentando un sentimiento de baja intensidad como alegría, satisfacción o incluso apatía.

. . .

Es posible que también hayan cerrado sus sentimientos, por lo que realmente no pueden identificar un sentimiento en este punto. Sé paciente, concédete unos momentos de tranquilidad para despejar tu mente y luego vuelve a preguntar.

Incluye las emociones en tus conversaciones

Cuando hables con la gente, intenta usar más declaraciones con "me siento" acompañadas de un sentimiento (por ejemplo, "me siento frustrado/a, emocionado/a, confundido/a"). También puedes preguntarles cómo se sienten o utilizar la escucha reflexiva para comprobar cómo se están sintiendo.

Por ejemplo, después de que alguien describa un día difícil, puedes decir: "Parece que tuviste un día frustrante." Cuanto más incorpores sentimientos a tus experiencias, más hábil serás para procesarlos.

Ayuda profesional

Hay varios tipos de profesionales que pueden apoyarte en estos momentos difíciles. Los profesionales pueden variar, desde un psicólogo, psiquiatra, trabajadores sociales, consejeros profesionales con licencia. Aquí no hay respuesta correcta o incorrecta, pero es importante que encuentres a alguien con quien te sientas cómodo/a mientras te ayuda. También es importante que asumas la responsabilidad de conseguir a la persona adecuada para ayudarte.

Tu ayudante profesional se reunirá contigo periódicamente. Es probable que tu terapia incluya recopilar un historial completo y un inventario de tu vida, incluidas tus preocupaciones, problemas actuales y condiciones de vida.

Utilizan esta información para respaldar un diagnóstico preciso e identificar el mejor enfoque de tratamiento.

En sus sesiones, tu terapeuta generalmente hará preguntas, escuchará, te ayudará a descubrir tus creencias, las desafiará sutilmente (cuando considere necesario), actuará como una caja de resonancia y puede ayudarte brindando una perspectiva equilibrada.

Otro tipo de curación proviene de un campo emergente de practicantes de medicina alternativa. Muchos caen bajo el paraguas de los sanadores de energía y tienen una variedad de métodos y prácticas para apoyar la eliminación de la energía bloqueada que resulta cuando tienes emociones negativas atrapadas.

· · ·

Los ejemplos incluyen Reiki, acupuntura, técnicas de libertad emocional, medicina energética, etc. Algunos profesionales de estas prácticas aprovechan un enfoque híbrido que combina el uso de terapias tradicionales con medicina alternativa.

Diarios

Existen también métodos auto-administrados de procesamiento de emociones. Mucho se ha escrito sobre los beneficios de llevar un diario, realmente poner lápiz sobre papel para registrar tus pensamientos. El mayor beneficio puede provenir de concentrarnos en nosotros mismos durante unos minutos, tranquilos y sin distracciones.

Puedes llevar un diario de forma no estructurada, pero también puede ser útil para responder preguntas relevantes. Las preguntas clave para ti pueden incluir una exploración de tus pensamientos y sentimientos previos sobre la relación antes de que terminara.

Recuerda tus pensamientos sobre la relación antes de que terminara, tal vez durante meses antes de la ruptura. Pon tu memoria trabajar ya que estos pensamientos afectaron la forma en la que te presentaste en la relación, para bien o para mal. Definitivamente quieres explorar tus sentimientos.

· · ·

También es bueno dedicar tiempo a tus pensamientos y expectativas actuales, esperanzas y temores.

Siente tus sentimientos

La primera y más fácil forma de procesar tus emociones es "sentir" los sentimientos. Esta técnica podría describirse como una autoconciencia emocional y una experiencia de dejarse llevar. Tratamos de evitar el dolor porque es incómodo, pero si nos permitimos sentirlo, podemos deshacernos de él para siempre.

Permitir que el sentimiento salga y aceptarlo temporalmente es una forma de validarse a uno mismo y validar el sentimiento de una manera que quita la "carga" del sentimiento, por lo que existe una cierta liberación de la pesadez que la ruptura conlleva.

¿Cómo se ve o qué significa exactamente sentir tus sentimientos? El primer paso es identificar el sentimiento. ¿Sabes lo que estás sintiendo? Puede que no lo sepas, es posible que solo te des cuenta de que te sientes incómodo/a, feliz o ansioso/a. Deberás detenerte, respirar profundamente y preguntarte qué sentimiento está presente.

Después, pregúntate: ¿cómo te sientes sobre eso? Tal vez la ira resuene. Es posible que puedas profundizar un poco más para ver si hay otra emoción que también describa lo que sientes de una manera más específica. Por ejemplo, debajo de la ira hay muchos niveles diferentes. ¿Estás frustrado/a, irritado/a, furioso/a?

No seas demasiado duro/a contigo mismo/a si te cuesta trabajo identificar el sentimiento. Es posible que sin querer confundas tus emociones con tus pensamientos, trata de aceptar tus sentimientos sean cuales sean. Esto no es algo que se aprende de la noche a la mañana; es como aprender una nueva habilidad y puede tomar tiempo. Sé paciente contigo: respira, relájate, siente, observa y permite.

Cuando hayas terminado de sentir tus sentimientos, es posible que tengas algunos pensamientos o nuevos conocimientos sobre tu situación. Este es un gran punto de partida para escribir un diario. Descubrirás que estás en una posición mucho mejor para pensar racional y claramente.

Dependiendo del tamaño y la escala de la emoción, es posible que esto deba repetirse varias veces, pero por ahora puede ser mejor alejarse y volver en otro momento. Posteriormente, podrás abrirte paso a otro método: sentir tu sentimiento y dejarlo ir.

Este segundo método es una adaptación de una técnica basada en el método Sedona y es muy similar al primer enfoque; sin embargo, hay un par de pasos adicionales. Bási-

camente, después de identificar (nombrar) la emoción, hazte
3 preguntas:

1. ¿Me sentaré en silencio y me permitiré sentir el
   dolor de la emoción sin alejarla?
2. ¿Es posible tomar intencionalmente la decisión
   de dejarlo ir?
3. ¿Tengo la disposición a dejarlo ir?

Toma cada pregunta individualmente, dándote tiempo para
procesar cada una con unos minutos entre ellas para
respirar un poco y despejar tu mente. A veces es posible que
necesites repetir el ciclo varias veces, en el momento o más
tarde.

No todas las emociones son iguales; algunas son más
intensas, más personales y sensibles que otras. Siéntete libre
de probar diferentes métodos para descubrir qué te funciona
mejor para que realmente lo dejes ir.

Con la práctica, estos métodos pueden ser útiles para
procesar las emociones en el momento, durante la situación
desencadenante (por ejemplo, una confrontación con tu ex).
Cuando comiences a reconocer una reacción emocional
durante el desacuerdo, puedes elegir sentir la emoción,
nombrarla, permitir que entre en tu experiencia y decidir

dejarla ir en el momento. Esto te ayuda a lidiar de manera más efectiva, con un juicio más racional y la asertiva resolución de problemas para cualquier discusión que se te presente.

Por supuesto, esto es más difícil de hacer cuando tienes una reacción más intensa o cuando no te sientes seguro/a de expresar tus sentimientos públicamente (por ejemplo, llorar en el trabajo). Además, es posible que no tengas el tiempo o la capacidad para poner toda tu atención en procesar el sentimiento en el momento. En estos casos, está bien reconocer el sentimiento (nombrarlo internamente y reconocer su existencia) y la incapacidad de procesarlo por completo ahora.

Busca la próxima ocasión en la que puedas estar solo/a para procesar la emoción de manera segura. Cuanto antes puedas tomarte el tiempo para hacer el trabajo de procesamiento, mejor. Ten en cuenta que, dado a que tenemos una tendencia humana natural de evitar el dolor, ¡no debes esperar demasiado!

Sanación energética

La sanación energética combina conceptos y procedimientos de las antiguas tradiciones de sanación orientales con la ciencia y las prácticas contemporáneas para proporcionar un enfoque holístico de la salud y el bienestar.

Se basa en la comprensión de la conexión mente-cuerpo y enfatiza la auto-curación. Puede abordar problemas tanto físicos como emocionales.

La sanación energética (también conocida como medicina energética) le permite sanar a tu cuerpo activando las energías de este y restaurando las energías que se han debilitado, bloqueado o desequilibrado.

Cuando surgen situaciones en las que nos sentimos amenazados, y las emociones no se abordan, la energía queda atrapada. Estos bloqueos ocurren y se acumulan a lo largo de la vida. El impacto emocional del trauma (por ejemplo, tener un accidente automovilístico) es obvio, pero los traumas menores, como ofensas menores, discusiones o malentendidos ocurren con mucha más frecuencia y también pueden dejar emociones no resueltas que bloquean energías.

Técnica de liberación emocional

Una de las formas más rápidas y efectivas de procesar las emociones y acelerar el proceso de curación es a través de un proceso llamado técnica de liberación emocional (TLE). Es un enfoque mente-cuerpo diseñado para liberar energía bloqueada debido a estas emociones estancadas. La TLE interrumpe o rompe el bloqueo y neutraliza el impacto negativo.

También es conocida como *"tapping"* porque durante el proceso haces algunos golpeteos en puntos de acupresión mientras piensas en lo que te molesta. Reconociendo la conexión entre la mente y el cuerpo, implica simultáneamente a ambos.

Cuando se piensa en un tema que suscita una emoción negativa (por ejemplo, miedo, tristeza, etc.), la re-estimulación de esta emoción desencadena la respuesta de lucha y huida. Esto hace que sea más difícil procesar objetivamente la emoción. La acción de hacer tapping en los puntos de acupresión prescritos calma la reacción de estrés de lucha y huida del cuerpo, lo que te permite manejarlo más racionalmente.

Resumiendo

- Tomar la decisión de aprender sobre cómo procesar tus emociones probablemente será una de las oportunidades más importantes y significativas que tendrás para prosperar y encontrar a tu pareja ideal.

- Recuerda que esta es una habilidad que no muchas personas tienen dominada. Puede tomar un poco de tiempo practicar, pero la recompensa vale la pena.

- Explorar las emociones puede ser bastante aterrador al principio, pero intenta algunos experimentos con emociones que se sientan seguras para desarrollar tu confianza. Ten en cuenta que el proceso es relativamente rápido y efectivo, una vez que superas los obstáculos.

- Hay muchos consejos para empezar. Ampliar tu vocabulario emocional y aumentar el uso del lenguaje emocional en tu conversación es una buena manera de identificar mejor lo que sientes. El procesamiento de tus emociones se puede hacer con la ayuda de un profesional o utilizando métodos autoadministrados.

- Además de los profesionales de ayuda tradicionales (p. ej., psicólogos o consejeros), están surgiendo métodos de curación alternativos, que incluyen Reiki, acupuntura, medicina energética y entrenadores de bienestar holístico con un buen historial de éxito. No te apresures a descartar estos.

- Existen buenos métodos autoadministrados para procesar las emociones, que incluyen llevar un diario, autoconciencia y experiencias de dejarse llevar, la Técnica de Liberación Emocional (tapping) y el Código Emocional.

- Procesar tus emociones disminuirá el dolor y liberará la energía bloqueada causada por las emociones no procesadas. Vivir una vida sin miedo a las emociones puede ayudarte a experimentar un nuevo nivel de estar plenamente vivo.

12

Metas, intenciones y preferencias

Es importante definir lo que quieres. Definir lo que quieres puede venir en forma de establecer metas, establecer intenciones y/o hacer una lista de las características, preferencias e intereses sobre tu futura pareja. Las metas y las intenciones tienen poder, pueden ayudarnos al buscar lo que es posible, mantener una luz brillante sobre nuestro futuro y ayudar a movilizar nuestros pensamientos y acciones hacia nuestra versión futura.

Las metas se definen como objetivos de lo que deseas lograr, tener o hacer para el futuro. Suelen tener plazos. Los objetivos en las relaciones son un poco diferentes. Hay una gran cantidad de investigación sobre el poder motivacional de las metas: pueden inspirarnos, ayudarnos a establecer una dirección y hacer planes, y pueden obligarnos a actuar cuando sentimos cierta emoción o presión para seguir adelante.

· · ·

Las metas que son aspiracionales, específicas y medibles son las más efectivas. Aquí radica el desafío con las metas: la clave está relacionada con si la meta te hace sentir bien o mal. Si puedes "verte" a ti mismo/a logrando la meta y estás entusiasmado por llegar ahí, entonces tener una relación como meta es grandioso. El estado positivo de emoción y entusiasmo te inspira a tomar las medidas adecuadas para alcanzar la meta.

Por otro lado, si ves la brecha entre donde estás hoy y donde quieres estar, y estás desanimado/a y no tienes esperanzas acerca de tu capacidad para alcanzar la meta, entonces tenerla en realidad puede sabotear tus esfuerzos. Los sentimientos de frustración o desesperación asociados con tener una meta que parece inalcanzable pueden disuadir seriamente la motivación y el esfuerzo.

Una dificultad final relacionada con el establecimiento de metas de relación es la posibilidad de pensar en pequeño. Si has experimentado muchas decepciones en tus relaciones en el pasado, es posible que estés bajando tus expectativas, para prevenir más decepciones. ¿Te estás conformando con lo que crees que podría ser posible en lugar de establecer una meta para obtener lo que realmente quieres? Una mejor alternativa es tratar de establecer intenciones.

Las intenciones son diferentes de las metas. Una intención se centra en cómo quieres vivir en la relación, cómo quieres ser con tu pareja y cómo te sentirás en la relación. Algunos ejemplos aquí podrían incluir:

"Pasamos mucho tiempo juntos, pero también tenemos nuestro propio espacio y tiempo"

"Nos preocupamos por nuestra salud y compartimos prácticas saludables, alimentación y ejercicio"

"Nos amamos incondicionalmente, nos comunicamos sin miedo y perdonamos con facilidad"

"Mi pareja ama y es un gran modelo a seguir para mis hijos"

La naturaleza inspiradora de la intención le da poder. Dado que las intenciones se centran en las situaciones de calidad de vida que son más importantes para ti, es fácil sentirte bien y emocionado/a cuando piensas en tu intención. Una intención no tiene los mismos requisitos tangibles que una meta o una presión por resultados.

Una tercera categoría incluye listas de características, intereses y preferencias específicas que deseas que tenga tu futura pareja. Considera los siguientes ejemplos de categorías de estos deseos que podrías tener para la relación:

- Rasgos de personalidad (por ejemplo, extrovertido/a, de alta integridad, ambicioso/a, consentidor/a)
- Intereses (por ejemplo, fotografía, deportes, actividades al aire libre)

- Datos demográficos y ambiente (por ejemplo, judío/a, espiritual, lesbiana, asiático/a)
- Rasgos/características físicas (por ejemplo, alto, pelirrojo, gran sonrisa, busto grande, etc.)
- Preferencia de aptitudes físicas (por ejemplo, corredor diario, ama el senderismo, no le gusta la actividad física)
- Situación financiera (por ejemplo, financieramente independiente, el dinero no importa, sin deudas)

Mucha gente, en algún momento, hace una lista exhaustiva. Hay un par de grandes desafíos con una lista como esta: en primer lugar, es demasiado. La lista de verificación larga y detallada es fatal para el proceso de las citas. Si profundizas hasta este nivel de detalle y estás interesado/a en encontrar a alguien con muchas características e intereses específicos, podrías descartar a muchas personas con las que realmente disfrutarías estar.

Las probabilidades de encontrar todas esas opciones en una persona reducen drásticamente la posibilidad de encontrar a esa persona también, ¿no? Además, después de descartar numerosas parejas potenciales que no cumplan con toda esta lista de verificación, puedes comenzar a creer que estás buscando una aguja en un pajar. Esta creencia se reforzará una y otra vez a medida que vivas el sesgo de confirmación. Si crees que esta persona es demasiado difícil de encontrar, lo será.

Piénsalo de esta manera. ¿Cómo se comportaría una persona que realiza una entrevista de trabajo? ¿Te han entrevistado últimamente? Las personas entrevistadas a menudo están nerviosas, pueden filtrar información para causar una buena impresión o incluso mentir. Probablemente no sea así como quieres comenzar una relación.

¿Tus parejas potenciales se sienten como si estuvieran en una entrevista o disfrutando de una conversación casual con alguien sobre quien están interesados en aprender más? ¿A quién encontrarán más atractivo/a: a un/a evaluador/a de candidatos de recursos humanos o a ti? ¿Qué pasaría si estuvieras enfocado/a en estar presente y abrirte a aprender acerca de tu cita, libre de juicios o evaluaciones?

En lugar de eliminar a las personas que no se alinean con un elemento específico de tu lista de verificación (por ejemplo, ser vegetariano), amplía las posibilidades de cómo tu intención se haría realidad de diferentes maneras. Conocer gente nueva y ver cómo puedes aprender acerca de los intereses, preferencias y experiencias de otras personas podría ser una aventura muy emocionante en lugar de otra decepción.

Resumiendo

- Tu vida continúa expandiéndose y creciendo cada día con cada nueva experiencia y, con ella, tienes la oportunidad de identificar cada vez más lo que quieres y lo que no quieres.
- El final de tu relación brindó una gran oportunidad para aclarar aún más tus intereses y necesidades románticas. Ahora tienes la oportunidad de definir lo que quieres en una pareja y en una relación.
- Este debería ser un proceso muy emocionante. Es posible que estés pensando en algunos objetivos generales para ti y la relación, así como algunas características, rasgos, intereses y preferencias específicos de tu nueva pareja.
- Hay algunos aspectos buenos que se derivan de establecer objetivos de relación y pensar en algunas características específicas que deseas en una nueva pareja, pero hay algunas "precauciones".
- Ten cuidado si tienes la tentación de hacer una larga lista de características muy específicas, que pueden reducir sustancialmente el grupo potencial. Además, los sesgos de tu cerebro podrían hacer que tus citas se sientan más como una inquisición o una entrevista de trabajo, lo que puede hacer que tu cita no vea la gran persona eres. También puede limitar tu capacidad para tener una cita divertida.
- Las metas deben inspirarte en lugar de hacer que te sientas presionado/a para actuar. Esto último

puede hacer que tomes medidas cuando estás operando desde una mentalidad negativa.

- Una alternativa a establecer objetivos de relación es establecer intenciones de cómo quieres que sea la relación. Las intenciones difieren de las metas porque te inspiran. Se enfocan en temas de calidad de vida, cómo quieres mostrarte y sentirte cuando estén juntos.

13

Ciencia de las creencias

A VECES, una creencia puede producir un resultado (o consecuencia) física real. En otras palabras, una creencia puede hacer que tu realidad externa coincida con tus creencias internas. Esto se conoce como la profecía autocumplida o el efecto Pigmalión, que refiere a una predicción que se hace verdadera debido al comportamiento (incluyendo el acto de predecirlo) del creyente.

¿Cómo es esto posible? Todo el mundo sabe que una creencia o expectativa no puede hacer que suceda algo físico, ¿verdad?

¿O podría? El neurocientífico John Levine ha realizado una investigación innovadora sobre los placebos y el dolor. Su estudio de 1978 mostró que los pacientes no solo imaginan menos dolor con los placebos; la expectativa de alivio en rcalidad le indica al cerebro que libere las sustancias químicas naturales que producen el alivio del dolor.

El cerebro del paciente se inunda con su propio suministro de analgésicos. Entonces, la creencia de que el placebo ayudará a crear una respuesta química/biológica, un impacto físicamente medible en el cuerpo. El ingrediente activo de un placebo es la expectativa de una persona y la respuesta del cuerpo a esa expectativa.

Hasta ahora, conoces que para poder obtener la relación que deseas, es importante establecer una dirección (por ejemplo, metas, intenciones), comprender el poder de tus creencias sobre la relación y aprovecharlas para obtener lo mejor de ella.

La importancia de la felicidad

Piensa en algunas personas en tu vida, ¿podrías decir cuáles de ellas son generalmente felices y cuáles no? A menudo podemos obtener pistas sobre el nivel de felicidad de cualquier persona a través de sus palabras y su lenguaje.

¿Están contando historias sobre experiencias divertidas, eventos felices o algo nuevo que hayan aprendido recientemente? ¿O se están quejando del clima, la política, el tráfico o su trabajo? Si quieres saber si alguien es feliz en general, presta atención a las palabras elegidas, los temas de conversación y las opiniones y actitudes que expresan.

Además, también puedes obtener una lectura rápida del nivel de felicidad de una persona simplemente observando su comunicación no verbal (es decir, la forma en la que se conducen, la emoción en su voz o los hábitos nerviosos que repiten).

Cuando estás con tus conocidos felices, a menudo puedes sentir su energía positiva; es probable que estén sonriendo, mostrando confianza, entusiasmo y alegría. Ahora compara a la persona feliz con alguien que es infeliz, pesimista o predominantemente frustrado. Por ejemplo, cuando estás con personas infelices, puedes notar su energía negativa a través de señales no verbales.

Hay algo muy atractivo en una persona con una actitud alegre y positiva. La gente se siente naturalmente atraída por las personas felices. Te alegrará saber que las investigaciones respaldan esto. Los optimistas son más atractivos socialmente.

Las implicaciones de conocer a una gran pareja son bastante obvias. En una situación de citas, las primeras impresiones son muy importantes. Serás más atractivo/a cuando estés feliz y tengas una mentalidad positiva. Siempre queremos volver por más cuando pasamos tiempo con personas felices, divertidas, alegres y con mucha energía. Si no es obvio, ser feliz es un factor extremadamente importante para lograr la relación que deseas.

¿Cómo te ven los demás? ¿Cómo te relacionas con las personas cuando te conocen? ¿Aportas una fuerte energía positiva a las primeras citas y de forma constante en el camino de las relaciones a largo plazo? La verdad es que la mayoría de las personas sobreestiman su nivel de felicidad y optimismo.

Incluso si eres una persona generalmente feliz, la mayoría de las personas pueden llegar a ser más felices y por lo tanto más atractivas. Ser feliz es extremadamente importante para conocer a una buena pareja.

Ser más feliz

¿De alguna manera parece ridículo tener una sección completa dedicada a ser más feliz? Todo el mundo quiere ser feliz, ¿verdad? Ser feliz se siente bien, ¿no? ¿No estamos motivados para ser felices? ¿No tratamos todos de hacer todo lo posible para ser tan felices como podamos ser tan a menudo como sea posible?

· · ·

Esto parece obvio y lógico, pero no es tan sencillo como parece. En algún momento del camino, muchas personas simplemente han perdido su sentido natural de alegría, felicidad, diversión y asombro, y no saben cómo recuperarlo o no quieren hacerlo. ¿Eres tan feliz como puedes ser? Si no, ¿por qué? La mayoría de las personas, por supuesto, darán fe de un cierto nivel de satisfacción con sus vidas, pero no afirmarán que son extremadamente felices o alegres la mayor parte del tiempo.

Para muchas personas, la felicidad no ha sido un enfoque. De hecho, es posible que muchos de nosotros no hayamos pensado realmente en ser felices, no entendamos exactamente qué es o cómo ser más felices. La evidencia de la investigación muestra que la mayoría de las personas no entienden qué las hace felices, y en realidad tenemos la fórmula de la felicidad al revés.

Con el tiempo, nosotros y nuestros compañeros establecemos rutinas, lidiamos con responsabilidades, familias y comportamientos típicos. La pasión que surge del enamoramiento generalmente no es sostenible y se desplaza lentamente hacia un estado más estable y regular. Con el tiempo, las decepciones, las expectativas insatisfechas y las frustraciones pueden obstaculizar la felicidad de cada pareja.

Para la mayoría de las personas, la relación puede ser satisfactoria en general, pero no es solo la fórmula para un alto grado de felicidad personal. Las investigaciones muestran que las personas casadas son más felices durante uno o dos años después de casarse, pero después de eso, sus niveles de felicidad son los mismos que los de las personas no casadas.

Lo que puede sorprenderte es que en realidad es ser feliz lo que te llevará a encontrar la pareja y la relación que deseas. De hecho, la felicidad nos ayuda a obtener más de lo que queremos en todas las áreas de nuestra vida.

Gran parte de esta investigación provino del movimiento de psicología positiva fundado por Martin Seligman. Después de años de investigación psicológica dedicada a comprender el sufrimiento humano, la depresión y otros trastornos psicológicos (dirigidos a aliviar el sufrimiento), decidió averiguar qué hace prosperar a las personas.

Lo que él y muchos otros investigadores han descubierto desde entonces es que el éxito proviene de ser positivo, optimista y feliz, y no al revés.

Es interesante que los hallazgos de su investigación reflejen el enfoque que tomó de la psicología. Deja de enfocarte en lo negativo y concéntrate en lo positivo.

Las personas que son más felices son más productivas en sus trabajos, son mejores líderes y ganan más dinero. Son más resistentes frente a las dificultades y son más innovadoras y creativas. Los estudios han demostrado que las personas que son más felices tienen más probabilidades de vivir vidas más largas y tener cuerpos más saludables (por ejemplo, menos condiciones de dolor crónico, menor probabilidad de diabetes, menos accidentes cerebrovasculares, mayor probabilidad de supervivencia al cáncer). Las estimaciones son que las personas más felices añaden de cinco a siete años a su esperanza de vida.

En el ámbito de las relaciones, los niños más felices tienen más amigos, son vistos como más cálidos e inteligentes y menos egoístas. Tener el equilibrio correcto de emociones positivas en el matrimonio hace que sea más probable que tengas un mayor sentimiento de amor y una sensación de realización. Además, será menos probable que tu matrimonio termine en divorcio.

Las personas más felices son más sociables y enérgicas, son más queridas por los demás y tienen una mejor red de amigos y apoyo social. Las personas más felices tienen más probabilidades de casarse y permanecer casadas.

Está más allá del alcance de este libro citar todos los estudios, pero hay una avalancha de investigaciones que respaldan el hallazgo de que las personas que son más positivas, felices y optimistas son más saludables, sanan más rápido y tienen más éxito académico, atlético, y en el trabajo. La conclusión es: si quieres una buena vida, incluida la búsqueda de una gran pareja, y tener una gran relación, ¡enfócate primero en tu propia felicidad!

Ahora podrías estar pensando: *"Todo eso es genial. Me encantaría ser más feliz, pero me duele el cuerpo, tengo un trabajo horrible y me siento solo/a. No puedo ser feliz dadas mis circunstancias"*. Esta perspectiva es comprensible; sin embargo, puede haber algunas fallas en esa lógica.

Los investigadores han estimado a partir de muchos estudios anteriores que el 50 % de la variación en la felicidad se basa en la genética, el 10 % proviene de las circunstancias de la vida (p. ej., situación económica, apariencia física, salud), lo que deja un 40 % que está bajo nuestro control. Además, como hemos descrito anteriormente, ser más feliz puede ayudarte a mejorar tus circunstancias. La buena noticia es que casi la mitad de tu felicidad se basa en tu pensamiento y comportamiento. Tienes el poder de ser más feliz.

Entonces, si pensabas que serías más feliz si tuvieras un mejor trabajo, más dinero, una buena pareja, te casaras, fueras más delgado/a, tuvieras menos dolor físico, etc., has puesto demasiado peso en las circunstancias. Estos factores solo representan una pequeña porción de tu felicidad. Las siguientes secciones describen cómo funciona la felicidad para que puedas aprender a ser más feliz.

. . .

Cómo funciona la felicidad

Piensa en la felicidad como un ciclo que comienza con: creencias, pensamientos, emociones, acciones, experiencias y empieza nuevamente. Sabemos que tanto las creencias como la felicidad son fundamentales para conseguir lo que quieres.

Las creencias son un precursor de la felicidad, e intentaremos desenredar tus creencias sobre la felicidad; pues se relacionan y se influyen entre sí de forma cíclica. Nuestras creencias impactan nuestros pensamientos/percepciones, que luego impactan nuestras emociones, que inspiran o desalientan nuestras acciones o inacciones, que impactan nuestras experiencias (p. ej., ganar o perder), que de nuevo… así es… impactan nuestras creencias, y damos la vuelta de nuevo.

Tus creencias, experiencias, pensamientos y percepciones son la raíz de tu felicidad. Si deseas aumentar tu nivel de felicidad, deberás comprender más acerca de cómo funcionan y, potencialmente, cambiarlos si se interponen en tu camino.

Aquí hay una mirada más profunda a cómo funciona el ciclo: tus creencias provienen de lo que aprendiste de tus padres, otras figuras de autoridad, tu educación religiosa y tus propias experiencias en la vida. Por ejemplo, probablemente obtuviste tu ética de trabajo de tu familia; la creencia de que eres confiable (o no confiable) por parte de maestros, entrenadores, jefes; y una creencia sobre la honestidad o decir la verdad de los padres o tu religión/fe.

Tus experiencias de vida también contribuyeron a tus creencias (p. ej., a veces está bien decir una mentira piadosa para no herir los sentimientos de alguien, soy bueno en matemáticas, soy bueno para hacer reír a la gente). Cuando experimentas algo (por ejemplo, te perdiste la alarma y te quedaste dormido/a), tu mente lo interpreta en función de tus creencias y experiencias previas.

Esa interpretación es un pensamiento (p. ej., esta es la segunda vez este mes que me quedé dormido/a y llegaré tarde al trabajo) y crea emociones (estoy frustrado/a, avergonzado/a y preocupado/a por las repercusiones que puedo enfrentar en el trabajo).

Tus pensamientos y emociones sobre esto se basan en tus creencias (p. ej., tengo una fuerte ética de trabajo, dormir demasiado es malo, necesito inventar una excusa sobre lo que sucedió para que no me juzguen o pierdan mi trabajo).

Al cerrar el círculo, tus emociones te impulsan a toma medidas (por ejemplo, saltarte el desayuno para poder llega a tiempo, la decisión de configurar una alarma de apoyo o enfrentar el hecho de llegar tarde con una actitud madura y de disculpa, etc.). Esto da como resultado una experiencia que refuerza tus creencias, completando así el ciclo.

Es importante entender cómo funciona esto, para que puedas hacer cambios que impactarán en tu felicidad. La felicidad es un estado emocional.

Cuando notas una entrada externa (por ejemplo, tu alarma suena por la mañana o recibes una llamada telefónica de una pareja potencial), interpretas la entrada en función de tus creencias y pensamientos (que están influenciados por sus experiencias previas).

La cantidad y variedad de estos estímulos externos es enorme. Por ejemplo, incluye las personas que conocemos (p. ej., amigos o rivales), los lugares a los que vamos (p. ej., un gimnasio, un parque o un gran restaurante), las cosas y situaciones que encontramos (p. ej., lindos cachorros, hermosas flores, cálidos abrazos, o un pinchazo), o las palabras que escuchamos (por ejemplo, aprecio o crítica).

También formamos percepciones sobre estímulos internos, que pueden incluir despertarte cansado/a, un pensamiento persistente sobre una fecha límite, un recuerdo de un fin de semana divertido, náuseas o la temperatura elevada en la cara cuando te sonrojas. A medida que ocurren estas entradas, formas interpretaciones de la realidad que estás experimentando.

Estos pensamientos/percepciones a menudo están "cargados" con reacciones emocionales (p. ej., felicidad, alegría, miedo, tristeza), que pueden darnos un sentimiento positivo/feliz (p. ej., alegría o aprecio) o un sentimiento negativo/infeliz (p. ej., sufrimiento o frustración).

Los pensamientos y las percepciones también pueden funcionar sin entradas externas.

Por ejemplo, tus pensamientos anticipando una primera cita (ya sea emoción positiva o trabajo pesado negativo) es suficiente para alterar tu estado emocional durante el día mientras piensas en ello.

Por ejemplo, el día de la cita puedes pensar: *"me siento feliz porque esta noche tengo una cita con una persona nueva"*. Incluso puedes decirles a algunos de tus amigos que estás ansioso/a por conocer a esta nueva persona y por qué crees que te gusta.

Solo el estado de notar y anticipar que tienes una cita es suficiente para hacerte feliz.

· · ·

Sin embargo, si tienes una cita esta noche y anticipas que no saldrá bien, tus pensamientos han creado una sensación de miedo o infelicidad (reacciones emocionales a tus pensamientos) que también afectan tu felicidad, o infelicidad en este caso, durante el día. Claramente, tu creencia sobre las primeras citas impacta los pensamientos sobre la cita, que impactan tus emociones (y te dejan un buen o mal humor durante el día).

Claramente, los pensamientos, las percepciones y las creencias son importantes. Tienen el poder de impactar tu felicidad.

¿Qué pasaría si pudieras cambiar tus creencias y pensamientos? Nuestras perspectivas se basan en nuestras creencias y experiencias, que forman nuestra visión de la realidad. En esencia, nuestras percepciones son nuestra realidad.

Esta es la razón por la que siempre hay dos lados en cada historia. Cada persona involucrada tiene una perspectiva diferente sobre la información porque está sujeta a su audiencia, comprensión e interpretación. Las perspectivas adicionales pueden cambiar nuestra percepción, comprensión y, por lo tanto, la verdad.

· · ·

El punto clave es que la felicidad es subjetiva y está ligada principalmente a las percepciones influenciadas por experiencias, creencias y pensamientos anteriores. Se trata de cómo interpretamos esa cosa o evento que desencadena nuestra emoción de felicidad.

La mejor parte de esto es que si nuestras percepciones se convierten en nuestra realidad y podemos cambiar nuestras percepciones, entonces podemos cambiar nuestra realidad. Tenemos la oportunidad de pensar de manera diferente sobre cómo interpretamos los hechos, la verdad y lo que consideramos que es la realidad. Si podemos alterar nuestra percepción de nuestra realidad, podemos cambiar nuestros niveles de felicidad.

Resumiendo

- Tus creencias son la clave de tu felicidad y éxito. La evidencia científica del poder de las creencias es tan sorprendente que es casi increíble. Sin embargo, la investigación cuenta la historia de cómo la mente (creencias) impacta el cuerpo (reacción física).
- ¡Tus expectativas crean la realidad! A través de la profecía autocumplida, tienes la capacidad de determinar tu realidad futura (ya sea buena o mala). Tus creencias influyen en tus acciones hacia los demás, lo que impacta en sus creencias

sobre ti, lo que hace que actúen de manera consistente con esas creencias.

- Si no estás teniendo el éxito que deseas en tus relaciones amorosas, echa un vistazo a tus creencias. La mejor noticia es que tienes el poder de cambiar tus creencias y por ende tu realidad (por ejemplo, encontrar a tu pareja ideal).

- Si bien las creencias son, por definición, ideales que crees que son verdaderos, no todas las creencias son saludables. Las creencias pueden cambiar. Establece un conjunto central de creencias y expectativas positivas sobre el futuro que deseas crear para obtener la relación que deseas.

- Cuando piensas en las personas con las que disfrutas pasar el tiempo, ¿las describirías como optimistas, entusiastas y felices? Ahora contrasta eso con las personas que conoces que son negativas y pesimistas. Cuando estás con tu gente feliz, a menudo puedes sentir su energía positiva. Es probable que estén sonriendo, riéndose con ganas, disfrutando de la vida. ¡La felicidad es atractiva!

- Las investigaciones muestran que las personas que son más felices son más productivas, son mejores líderes y ganan más dinero. Son más resistentes, innovadores y creativos. También es más probable que vivan vidas más largas, tengan cuerpos más sanos y una mayor esperanza de vida.

- En términos de relaciones, las investigaciones también muestran que los niños más felices tienen más amigos. Los adultos más felices son más sociables y enérgicos, son más queridos por los demás y tienen una mejor red de amigos y apoyo social. Las personas más felices tienen más probabilidades de casarse y permanecer casadas.
- Muchas personas creen que serán felices cuando encuentren a su pareja. La investigación muestra que tenemos la fórmula de la felicidad al revés. Ser feliz te llevará a encontrar la pareja adecuada.
- Tu felicidad está bajo tu control. Proviene de tus percepciones y está muy influenciada por tus creencias y pensamientos. Para cambiar tu felicidad, necesitarás examinar tus propias creencias para determinar si son verdaderas para ti hoy y si te están sirviendo. Es importante eliminar los que no.

14

Aumentando la felicidad

¿Qué te hace feliz? Generalmente esta respuesta se divide en tres categorías: Cosas, experiencias y recuerdos. Cuando los investigadores preguntan a las personas "¿qué te hace feliz?", tal vez den ejemplos como tener un auto nuevo, regalos, una casa más grande, un ascenso en el trabajo, etcétera.

Esta categoría se describe como cosas/situaciones, y son las respuestas más populares a la pregunta "¿qué te hace feliz?" Si bien creemos que las cosas nos harán felices, esa felicidad no parece durar mucho. ¿Cuándo fue la última vez que obtuviste algo tangible que realmente te hizo feliz? ¿Cuánto duró ese sentimiento? ¿Cuánto tiempo pasó antes de que empezaras a pensar en la siguiente cosa que querías?

Investigaciones muestran que la felicidad que proviene de lograr cosas es muy fugaz. El nombre académico para esto es adaptación hedónica; la felicidad que proviene de tener un nuevo teléfono, auto o trabajo se desvanecerá con el tiempo. La adaptación hedónica es la tendencia humana a rápidamente volver al nivel normal de felicidad después de un impulso de energía al obtener algo nuevo.

El dinero es una excepción especial en esto. La gente cree que más dinero les hará más felices, presumiblemente para que puedan comprar las cosas que quieren. Las investigaciones muestran que su bienestar emocional aumenta con sus ingresos, pero sólo hasta cierto punto. Una vez que una persona alcanza los $75,000 dólares, no hay mayor felicidad asociada con mayores ingresos.

Las experiencias describen la siguiente categoría. Los ejemplos pueden incluir ver a tu hijo jugar fútbol, una excelente primera cita, caminar descalzo/a en el pasto, irse de vacaciones, casarse, etc. Hay mucha felicidad asociada con las experiencias y obtienes los beneficios adicionales de anticipar la experiencia y luego extender la diversión mirando hacia atrás con gratos recuerdos... (parte de la siguiente categoría). La gran conclusión aquí es que las experiencias hacen que las personas sean más felices y tienen un efecto más duradero en la felicidad que las cosas.

La última categoría incluye pensamientos, reflexiones e imaginación, y es una respuesta mucho menos popular. En esta categoría, las personas podrían mencionar recordar lo maravilloso que solía ser jugar sin preocupaciones cuando eran niños o mirar las fotos de un viaje de esquí reciente. También puede significar pensar, visualizar o soñar despiertos sobre el futuro.

Por ejemplo, dedicar tiempo a pensar en lo bueno que será perder 10 libras, imaginar cómo será encontrar a nuestra próxima pareja o visualizar la expansión de tu pequeña empresa. Por ahora, ten en cuenta que esta categoría es muy poderosa, completamente disponible para ti en cualquier momento, no hay costo y muy pocas repercusiones por disfrutar de estas actividades.

Re-encuadre: cambia tu forma de pensar

Dado que la felicidad es el resultado de nuestros pensamientos, percepciones y cómo interpretamos situaciones y eventos, también deberíamos poder cambiar nuestra infelicidad cuando suceden cosas malas, sin ningún cambio en nuestras circunstancias. Podemos hacerlo todo desde adentro, cambiando los pensamientos que asignamos a lo que sucede.

Existe una herramienta útil para reducir la infelicidad con las actividades de la vida cotidiana, llamada encuadre. Se basa en cómo ves o piensas sobre los eventos o situaciones en tu vida.

Tu interpretación o el significado que asignas refleja el "marco" de la imagen que pones a su alrededor.

El color, el material, el tamaño y la forma del marco alrededor de la imagen pueden realzar o restar valor a la belleza de la imagen. Lo mismo es cierto de cómo pensamos acerca de los eventos en nuestras vidas. Podemos reaccionar ante una situación (la imagen) enmarcándola positiva o negativamente.

El concepto de que la realidad se basa en la percepción nos permite cambiar nuestra realidad. Si elegimos enfocarnos en aspectos más positivos de nuestra situación, cambiamos nuestra experiencia de ella.

A través de este proceso, podemos de hecho cambiar nuestra realidad. Puede parecer un pensamiento radical, pero como se ha comentado, muchas de nuestras creencias no se desarrollaron racionalmente y no nos sirven hoy en día. Definitivamente vale la pena explorar, cambiar tus pensamientos y creencias negativas.

Ahora podrías estar diciendo: "Lo siento, no lo compro". Tal vez has tratado de ser más positivo/a, pero parece que no funciona. Cuando las creencias relacionadas con las situaciones son grandes, han existido por un tiempo y son particularmente dolorosas, es probable que requieran más trabajo para eliminar el pensamiento negativo antes de que el poder del pensamiento positivo pueda echar raíces.

Para empezar, considera algunos experimentos a menor escala. ¿Existen situaciones menos dolorosas en tu vida en las que puedas probar el poder del pensamiento positivo y obtener algunas ganancias menores?

Todos tenemos pruebas a lo largo del día. Estos sucesos pueden perturbar nuestra felicidad. ¿Cómo mantienes tu felicidad cuando suceden cosas malas (por ejemplo, discutes con tu pareja o tienes problemas en el trabajo)?

Recuerda que tu objetivo es inclinar la balanza, por lo que estás creando mucha más positividad para minimizar el impacto del sesgo de negatividad. Por lo tanto, toma la decisión de dejar que las cosas fluyan. La preocupación, el arrepentimiento, el miedo, la culpa no son nuestros amigos y no vale la pena gastar energía en ellos. Recuerda, podemos cambiar nuestros sentimientos cambiando las percepciones; la realidad está sobrevalorada. Olvídate de tus errores, recuerda tus aciertos.

· · ·

Cambia tus creencias que no funcionan

Si notas que pareces tener un patrón de preocupación, arrepentimiento, miedo o culpa, por ejemplo, puede ser útil hacer un trabajo preventivo para que sea más fácil lidiar con estas emociones rápidamente cuando aparecen.

Puedes superar las cosas más rápido si te tomas unos minutos para sentir tus sentimientos cuando suceda. Hay otra práctica que puede ser útil para cambiar tus creencias: el uso de afirmaciones, un término acuñado por Noah St. John.

¿Alguna vez has notado que cuando estás tratando de recordar algo, pero luego te das por vencido/a, muchas veces la respuesta finalmente te llega, a menudo más tarde ese mismo día? Esto se debe a que tu cerebro sigue trabajando en ello.

Las afirmaciones aprovechan el poder de este proceso de búsqueda continua para reforzar una creencia.

Se trata de recitar una afirmación positiva, pero con el giro de formularla como una pregunta.

Por ejemplo, tu afirmación podría ser: *"me pregunto por qué es tan fácil para mí conocer personas increíbles y tener citas fabulosas"*. E sesgo de confirmación se activa para encontrar razones que respalden tu afirmación. Expresarlo como una pregunta impulsa al cerebro no solo a confirmar, sino que busca responder la pregunta para cerrar el ciclo, elevar tu confianza y emoción positiva, lo que cambia tu actitud, comportamiento y crea una profecía auto-cumplida.

Meditación y atención plena

Es posible que nuestros cerebros ocupados no cooperen para ayudarnos fácilmente a calmar los pensamientos negativos acerca de no tener la relación que deseas y es posible que necesiten ayuda para permitir un pensamiento más positivo. Una herramienta que puede ser especialmente útil para calmar nuestros cerebros ocupados es la mediación.

Muchas personas han encontrado cambios significativos en sus niveles de paz, felicidad y positivismo a través de la práctica de la mediación. Hay muchos tipos de meditación (por ejemplo, conciencia abierta, mantras, atención plena). Las técnicas de atención plena proporcionan herramientas para ayudar a las personas a ser más conscientes y menos críticos de sus pensamientos.

Visualización/imaginación

· · ·

¿Alguna vez has pensado en el poder de una película para hacerte sentir increíblemente feliz o triste? ¿Por qué es eso?

Nada cambió en tu vida. Tu experiencia de pensar en las escenas de la película fue suficiente para alterar tu estado de ánimo. Si esto puede suceder a través de una película, ¿no puedes crear un cambio en tu felicidad al tener mejores pensamientos?

Nuestros cerebros no pueden distinguir la diferencia entre las experiencias tal como están ocurriendo, son recordadas o se imaginan para el futuro. Por lo tanto, el impacto y los beneficios de la felicidad se pueden crear sin estar en una situación real que te haga feliz.

Tu propia imaginación es una forma muy poderosa de crear felicidad. Puedes aumentar tu felicidad 1) anticipando con entusiasmo las cosas y experiencias que esperas y luego 2) saboreando o recordando las cosas que sucedieron en el pasado.

Hay varias maneras en que este enfoque puede ayudarte.

Primero, piensa en la felicidad que puedas recordar de todas y cada una de las relaciones del pasado. Estas experiencias felices pueden ser útiles para pensar con todas tus parejas anteriores y con otras relaciones (incluyendo familiares o amigos).

Recordar estos buenos momentos puede ayudarte a recrear tu felicidad. Ten en cuenta que podemos conjurar la felicidad en cualquier situación con muy poco tiempo y nada de dinero solo a través de nuestros pensamientos. Es bastante simple. Pasa tiempo imaginando las cosas que harás con tu nueva pareja, los lugares a los que irás, las experiencias que compartirán juntos.

Música

La música tiene la capacidad de alterar tu estado de ánimo.

Después de que termina una relación, una canción triste de ruptura puede hacernos llorar a la mayoría de nosotros. De manera similar, hay canciones que te hacen sentir tan bien que podrías empezar a cantar o incluso a bailar.

En realidad, es bastante sorprendente lo rápido que puede cambiar el estado de ánimo. Los estudios han demostrado que la música afecta muchos aspectos importantes de la vida y la salud, como la memoria, el estado de ánimo, la función cardiovascular y el rendimiento deportivo.

· · ·

Armar una gran lista de reproducción y escucharla a menudo puede ayudarte a cambiar de una negativa a una mentalidad positiva. Esto no es un sustituto del procesamiento de las emociones, pero es un impulso de felicidad que puede ser muy efectivo como complemento de sentir los sentimientos para muchas personas.

Resumiendo

- Resulta que hay muchas cosas que puedes hacer para aumentar tu felicidad, ¡y ninguna de ellas requiere dinero! De hecho, la investigación muestra que la felicidad que proviene de obtener "cosas" es menos de la anticipada y ¡es muy fugaz! Las experiencias nos dan mucha, mucha felicidad.
- Tienes el poder de aumentar (o disminuir) tu nivel de felicidad mediante tus pensamientos sin cambiar tus circunstancias.
- Si elegimos reformular nuestras experiencias centrándonos en los aspectos más positivos de la situación, cambiamos nuestra percepción de la experiencia, lo que luego cambia nuestra realidad.
- Dado que las creencias afectan tus percepciones, reconsiderar tus creencias y cambiar potencialmente las que limitan tu felicidad puede tener un impacto profundo.
- Descubre o redescubre lo que te hace feliz y luego hazte cargo de repetirlo.

- Ser feliz solo/a muchas veces abre puertas y lleva a grandes sorpresas, así que haz de tu propia felicidad una prioridad y no tengas miedo de hacer las cosas por ti mismo/a.
- Practicar la gratitud, creer en algo más grande que tú, aprovechar tu imaginación, escuchar música y las prácticas de meditación pueden tener un impacto en la felicidad.

15

Poner en acción la mentalidad de relaciones positivas

Este capítulo brindará algunas ideas, prácticas y consideraciones sobre las citas, las citas en línea, el sexo y la visualización de tu próxima relación. Luego también te compartiré ideas que pueden ayudarte si todavía estás atascado/a y no tienes la relación que deseas.

Tener una cita

Comencemos por el principio, con un ejemplo de una primera cita. Antes de ir, comienza estableciendo la intención de tener una buena experiencia; espera estar encantado/a. Trata de no pensar en ello como un medio para un fin. La actitud que acelerará el proceso de encontrar pareja para una relación es disfrutar el camino.

. . .

Piensa en ello como parte de la historia que recordarás con cariño con tu nueva pareja.

O como mínimo, planea disfrutar haciendo nuevas amistades. Trata de no presionarte demasiado por la cita; simplemente ve a disfrutar de la compañía de otra persona. La cita no significa que tendrás que casarte con ellos, pero ¿por qué no tener disposición a que te gusten las personas que conozcas?

Una vez que estés en la cita, trata de buscar lo mejor de la otra persona. Haz preguntas, escucha y mantente interesado/a en aprender sobre ellos. Debe haber al menos una cosa que te guste de cada persona; si no, tal vez sea algo en lo que debas trabajar.

Si lo/a consideras adecuado/a, hazles saber lo que te gusta de ellos como parte de tu conversación. Sé como un espejo (por así decirlo), para que puedan ver qué los hace atractivos y especiales. Si notas algo que no te gusta, trata de no prestarle demasiada atención, al menos no al principio de la cita.

1. Busca pistas de que tu impresión negativa inicial podría estar equivocada.
2. Haz preguntas para verificar tus suposiciones.
   Dale a tu cita el beneficio de la duda hasta que puedas confirmar la información o la impresión.
3. Si descubres que, de hecho, tienes razón, intenta minimizar la atención en la información negativa

> y, en cambio, concéntrate en las cosas que te
> gustan de la persona y sus fortalezas.

Si la cita no va bien, al menos esto hará que tu tiempo sea más agradable.

También debes equilibrar tu interés en ellos compartiendo algo sobre ti. Habla sobre tus intereses, las cosas que te gusta hacer y hazles saber lo que es importante para ti. Comenzarás a tener más primeras citas buenas y probablemente también tendrás más segundas y terceras citas.

Después de conocer a tu cita, si ves que no encajan, hazlo saber lo antes posible, con la mayor honestidad y respeto posible. Si bien, aparentemente es difícil rechazar a alguien, es más amable ser honesto/a. Hazles saber que simplemente no sientes la conexión o la química (aunque había muchas cosas que te gustaban de ellos).

Si es posible, hazles saber algunas cosas que en específico te gustaron de ellos. Si te gustó como persona, pero no para una relación, puedes ofrecerte a seguir viéndole como un amigo, pero no lo hagas si no lo dices en serio.

Citas en línea

· · ·

¿Cómo se aplican estas ideas a las citas en línea? Uno de los mayores desafíos con las citas en línea es que nos vemos obligados a hacer nuestra elección inicial de una cita basada en una foto (que puede o no ser el aspecto real de la persona).

Algunos sitios brindan información adicional sobre el perfil o la personalidad, lo que definitivamente puede ser útil.

Todos sabemos que es difícil saber qué decir, cuánto decir o cómo resumir quién eres en unas pocas palabras. La exactitud de la información puede parecer cuestionable y a menudo ser falsa.

También hay razones por las que es posible que no disfrutes de las citas en línea. Es posible que hayas tenido malas experiencias, como personas que no son lo que dicen ser o lo ves como una pérdida de tiempo. Si alguno de estos escenarios resuena contigo, hay una manera de hacerlo más fácil.

Antes de comenzar una sesión en línea, establece una intención sobre cómo quieres pensar sobre las personas que verás. Cuando creas una intención de ser lo mejor de ti mismo/a y pensar lo mejor de los demás, estarás en el estado de ánimo adecuado para encontrar la mejor pareja.

. . .

Sexo y citas

El sexo y las citas son un tema muy interesante porque hay muchas creencias e interpretaciones diferentes. Puede ser simplemente un deleite meramente físico, o una expresión de amor y aprecio por otra persona. A pesar de toda la complejidad, el sexo es una forma maravillosa de sentirse bien.

El sexo satisface una necesidad fisiológica humana básica de tacto, proporciona mucho placer e incluso puede ser curativo.

Es una de las pocas formas en que podemos satisfacer simultáneamente nuestras necesidades y las necesidades de otra persona.

Sin embargo, también trae algunos grandes desafíos. El enfoque aquí no estará en los riesgos físicos (por ejemplo, embarazos no deseados o enfermedades de transmisión sexual), sino en los desafíos y peligros emocionales y de autoestima.

Una de las preguntas más importantes que se encuentran en las citas y las relaciones es si se debe o no tener relaciones sexuales y cuándo o qué tan pronto. Al igual que todo lo demás de lo que hemos hablado en el libro hasta ahora, la clave para responder estas preguntas es comprender cómo te sientes al respecto, cuáles son tus creencias sobre el sexo y por qué.

También puede ser útil pensar en el propósito de las citas. Tu propósito probablemente impactará tus acciones y creencias.

Por ejemplo, no es lo mismo tener una cita con el propósito de encontrar a la persona con la que te casarás y vivirás para siempre que un encuentro casual en el que podría existir un acuerdo implícito de solo intimidad, por lo que será importante establecer tu propósito y las creencias que lo sustentan.

Como hemos revisado a lo largo del libro, muchas personas tienen creencias de las que no son conscientes. Es importante tener claro si tu actividad sexual está impulsada por "miedo o fervor (pasión)".

No lograr esto, puede llevar a las personas a temer su propia autocrítica rigurosa tanto como la crítica de la otra persona, por lo que evitarán participar en actividades sexuales para proteger su autoestima. Por otro lado, si alguien está luchando con su imagen corporal y, sin embargo, enfrenta su miedo y tiene relaciones sexuales, esto puede mejorar su autoestima porque toma la decisión de valorarse a sí mismo como/a un ser humano en lugar de u modelo de revista.

La pregunta para ti hoy es cuáles son tus creencias sobre el sexo y si te están sirviendo. Si no, ¿Quieres cambiarlas? ¿Puedes erradicar las creencias poco saludables para tener una vida sexual más satisfactoria?

Imagina y visualiza

El último capítulo describió el proceso de visualización y cómo puede ayudarte a ser más feliz. Esta sección describe un par de formas más específicas en las que puedes poner tu imaginación en acción para lograr la relación que deseas. Puedes imaginar escenarios para el futuro.

Regresa a sus metas, intenciones y/o pensamientos. Visualiza cómo vivirás, dónde vivirás, cómo pasarás tu tiempo y cómo te sentirás cuando estén juntos tu pareja y tú. Este es un gran momento para reunir las mejores cualidades y aspectos de las relaciones pasadas con las cosas adicionales que deseas crear en tu próxima relación.

Aquí hay otra sugerencia sobre cómo llevar esto al siguiente nivel y divertirte con él. Juega con un amigo de confianza a contarle todo sobre tu nueva pareja ficticia e imaginaria (pero cuéntaselo como si fuera real). Comparte los detalles sobre cómo se conocieron, lo que te gusta de ellos, lo que disfrutan juntos, a dónde van, etc.

Sí, estoy hablando de jugar con tu imaginación. Tal vez puedas jugar esto con un amigo que también está buscando pareja y ambos pueden intercambiar historias. Cada vez que hagas esto, te estarás dando otro empujón de felicidad, que te acercará más a conseguir lo que quieres.

La idea principal aquí es sentirte bien hablando de la nueva relación. Si has estado prestando atención, sabrás que no querrás hacer esto si te hace sentir mal: si la visualización te hace pensar "nunca le encontraré" u "ojalá le tuviera ahora", o si alguna parte del "sueño" te hace sentir mal, detente. Para combatir esto, inunda tu pensamiento con ideas y emociones positivas. También puede ser útil volver atrás y procesar las emociones negativas antes de intentar este ejercicio.

Obstáculos: ¿aún no consigues lo que quieres?

Si descubres que no estás teniendo la relación que deseas, examina lo que está pensando, tus creencias y el tipo de mensaje que podrías estar enviando sutilmente. Hay cuatro causas posibles que exploraremos: 1) que estés dominado/a por sutiles creencias negativas, 2) mitos sobre la felicidad en las relaciones, 3) mitos sobre las parejas y 4) creencias personales.

1. Dominado/a por sutiles creencias negativas

El primero y uno de los mayores problemas en los que hay que indagar es la idea de que tu mente sesgada podría estar jugando una mala pasada. Es muy probable que estés tan concentrado/a en tener una relación romántica que el pensamiento activo más fuerte en tu mente sea en realidad el pensamiento negativo de que no tienes la relación que deseas ahora.

Este pensamiento, aunque sea muy sutil o inconsciente, puede estar dominando tus pensamientos esperanzadores y, por lo tanto, saboteando tu capacidad de conocer a alguien grandioso. Hay un par de razones por las que podrías pensar esto.

Puedes creer que tienes una verdadera alma gemela, lo que implica probabilidades casi imposibles de encontrar a esa persona. O es posible que hayas estado saliendo durante algún tiempo y, según tus experiencias con muchas citas, hayas llegado a la conclusión de que tu pareja ideal es extremadamente difícil de encontrar.

. . .

Divertirte y disfrutar de otras relaciones que tienen menos carga emocional y negativa puede ayudar a cambiar el rumbo hacia una relación romántica más positiva. Me doy cuenta de que esto puede parecer un desvío que te impediría encontrar pareja ahora, pero tu urgencia y posible desesperación pueden ser lo que se está interponiendo en tu camino.

Como beneficio adicional, recuerda que la energía positiva que emites también te hace más atractivo/a.

2. Mitos sobre la felicidad en las relaciones

Dirijamos la atención hacia algunas creencias comunes sobre las relaciones que pueden interponerse en tu camino. ¿Por qué soñamos con estar en pareja y tener una gran pareja? Porque muchas veces creemos que nos conducirá a nuestra máxima felicidad.

Si por lo general no eres feliz sin una relación, ¿te parece realista pensar que la relación puede hacerte feliz? La felicidad no proviene de una relación; viene de dentro de nosotros mismos. Sé más feliz, atrae a una gran pareja, comienza una relación y luego continúa confiando principalmente en ti para la felicidad.

Hay tantas creencias diferentes que cada uno tiene sobre las parejas y las relaciones que necesitarás descubrir tus propias creencias útiles y dañinas. Ten en cuenta la intención de tu relación con cada mensaje de texto, primera cita y encuentro que tengas con parejas potenciales.

Por supuesto, no todos serán exactamente lo que deseas, pero si comienzas a adoptar una filosofía de esperar lo mejor y tener apertura a reconocer el valor de todos los que conoces, comenzarás a notar un cambio en tu experiencia. Los resultados pueden comenzar pequeños, pero pueden multiplicarse rápidamente.

3. Mitos sobre una gran pareja

Una suposición común en las relaciones es que nuestra pareja puede hacernos felices por lo que dice, hace o deja de hacer. Bueno, cuando consideramos todas nuestras preferencias, necesidades y deseos únicos y complejos, sin mencionar cómo pueden cambiar con el tiempo, hacer feliz a otra persona es una tarea extremadamente difícil ¿no? Puede generar alegría cuando lo hacen bien, pero también puede generar frustración cuando lo hacen mal.

¿Qué sucede cuando nuestra pareja no cumple? Si pueden hacernos felices, ¿no tienen también el poder de hacernos infelices? Dado que todos los seres humanos tienen limitaciones en cuanto a su comprensión, disposición y capacidad para satisfacer nuestras necesidades, poner nuestra felicidad en manos de otra persona parece ser una propuesta peligrosa que puede provocarnos decepciones.

. . .

En esencia, al esperar que nuestra pareja nos haga felices, le estamos entregando el control de nuestra propia felicidad a otra persona. Una mejor solución es asumir la plena responsabilidad de nuestra propia felicidad en la relación.

Así, mi pareja no tiene la responsabilidad de hacerme feliz, pero puede mejorar mi felicidad. Cuando la responsabilidad recae en mí, puedo administrar mi nivel de felicidad, y también le quita presión a mi pareja.

Si soy responsable de mi nivel básico de felicidad, mi pareja puede aumentar mi felicidad, pero no puede reducirla, incluso si me decepciona o me frustra. Así es como se ve la química real. Cuando surgen dificultades, pero ambos saben cómo manejar sus propias emociones y desvincularse de los problemas de su pareja de una manera saludable.

4. Creencias personales

El conjunto final de creencias que pueden estar saboteando tu capacidad para entablar una relación, son tus creencias sobre ti mismo/a. Puede que te critiques innecesariamente, puede que no te ocupes de tus emociones o de tus necesidades.

. . .

Si no eres consciente, una de las señales de que eres demasiado duro/a contigo/a mismo es si eres crítico y duro/a con otras personas. En otras palabras, es posible que exijas a los demás un estándar muy alto porque también te exiges a ti un nivel muy alto de responsabilidad.

Para entender más acerca de si esto te está pasando, escucha la voz en tu cabeza. Si la voz es principalmente alentadora, de apoyo y positiva, estás en buen camino. Si la voz está arrojando dudas, criticándote o a los demás, apágala.

Ser duros con nosotros mismos al no cuidar nuestros sentimientos es una forma de abandono. Cuando estamos emocionalmente sanos, reconocemos y aceptamos nuestros sentimientos (todos ellos, incluso los más duros), aprendemos sobre lo que nos dicen y hacemos las cosas que nos convienen.

Si, por el contrario, evitas las emociones, no las procesas o haces cosas que no te convienen, es probable que atraigas y te sientas atraído/a por parejas que tengan patrones similares de autoabandono. El verdadero amor sólo puede darse entre personas que saben amarse y cuidarse a sí mismas.

Si deseas atraer a más parejas disponibles emocionalmente que estén dispuestas y sean capaces de amarte de la forma en que estás deseando ser amado/a, debes dejar de ignorar tus sentimientos y de criticarte o juzgarte con tanta dureza.

Resumiendo

- El camino para tener una gran relación y mantenerla es ser más feliz y asumir la responsabilidad de tu propia felicidad.
- Establece la intención de disfrutar la experiencia de las citas. Las citas no son solo un medio para un fin (es decir, encontrar una pareja ideal, obtener la relación).
- Ponte en el estado de ánimo adecuado antes de tener citas. Espera divertirte, busca lo mejor en tus citas y disfruta del viaje. Deja de lado los pensamientos o sentimientos negativos sobre la experiencia de las citas, comienza de nuevo con ojos nuevos y expectativas esperanzadoras ahora que tienes nuevas herramientas.
- Busca lo mejor en tus parejas potenciales, concédeles el beneficio de la duda y recuerda evitar los sesgos cognitivos que sabotean tus percepciones.
- Hay muchas creencias que pueden estar influyendo en tus decisiones sobre el sexo en las citas. Es importante comprender tus creencias y desafiar y cambiar las que no te sirven.
- Es importante recordar que encontrar una gran pareja y una buena relación no te hará feliz. Tu

felicidad viene de tu interior. Si no eres feliz, nadie o ninguna relación puede cambiar eso por ti.

Anexo: preguntas para desempacar emociones

Para procesar tus emociones, como vas descubriendo, primero debes identificarlas y definirlas. No es inusual luchar un poco con esto. Si no estás seguro/a de tus emociones o necesitas ayuda para comprenderlas, a continuación, se proporcionan algunos ejemplos de los sentimientos típicos asociados con una ruptura.

Estas preguntas pueden ayudarte a profundizar e identificar más claramente lo que sientes. En este ejercicio, piensa (o busca enlistar) la mayor cantidad de emociones negativas típicas comunes en una ruptura y hazte cada una estas preguntas:

1. ¿Alguna de estas emociones estuvo presente en tu ruptura?
2. ¿Qué fue diferente?
3. ¿Qué otros sentimientos experimentaste durante o después de tu ruptura?
4. ¿Qué puntos aún podrían molestarte y necesitar más trabajo?

Conclusión

Hemos recorrido todo lo que involucra una ruptura amorosa, desde los primeros días hasta la superación de esta. A lo largo de estas páginas, has encontrado consejos específicos sobre cada parte del camino para no quedarte estancado/a en un punto de tu vida negativo y gradualmente, lograr escalar en tu camino a la autorrealización.

Superar una relación perdida es un proceso de duelo y, como en todo proceso, no será lineal ni instantáneo. Sanarte y encontrar de nuevo tu rumbo puede parecer difícil, pero sabes todo lo que necesitas para volver a ser completamente tú y superar y agradecer la relación que terminó.

Incluso, tienes ahora las herramientas para mejorar a la persona que eres ahora, encontrar a una persona ideal para ti y retomar el proceso de tener citas y comenzar relaciones sentimentales con una nueva perspectiva y un mejor entendimiento de tu persona, tus necesidades y todo lo que eres capaz de ofrecer.

A pesar de que esta pérdida que atravesaste haya impactado contundentemente en tu vida, tienes la capacidad de seguir adelante, de reponerte, reconocerte e identificar el valor que tienes y todas aquellas características que te hacen único/a e inigualable. ¡Ámate y reconócete merecedor/a de amor! Pues eso te facilitará amar a la vida y a los demás.

Recuerda que siempre podrás volver a leer las partes que necesites reforzar y en algún punto, no necesitar más esta guía porque ya habrás aprendido a salir adelante por ti mismo/a.

Mucha suerte en este viaje que emprendiste y recuerda que todas las cosas que necesitas ya están dentro de ti.